アナリスト・弁護士・税理士が伝授する

財産を減らさない分散管理のポイント100

津金眞理子

酒井ひとみ

絹川恭久

武藤雄木

早河英太

矢内一好

［共著］

財経詳報社

は し が き

　もうける，稼ぐ，増やす…そんな甘い言葉に引かれるのはもうやめにしましょう。うまい儲け話はありません。大手の銀行や証券会社だからといって，金融機関の言いなりになってもいけません。特別のお金を支払っていれば別ですが，必ずしもあなたに適した商品を勧めているわけではありません。金融庁は，顧客本位の経営を行い，顧客との共通価値創造をするようにと，運用業界に対して呼びかけています。

　NISA（少額投資非課税制度）や積立 NISA の導入，個人型確定拠出年金「愛称：iDeCo（イデコ）」の加入対象者拡大で資産運用の感心は，個人の間にも広まりつつあります。また，企業年金についても，確定給付型（DB）から確定拠出型（DC）への流れは継続しています。DC（企業型）を導入する事業主は，従業員に対する投資教育が義務づけられ，加入者である従業員は自ら運用方針を決定して運用商品を選択しなければなりません。しかし，研修を受けたもののよく分からないという声は多く聞かれます。また日本全体をみると，個人の金融資産は高齢者に集中しており，如何に効率良く次の世代へ継承するかということも感心ごとのひとつとなっています。富裕層や事業オーナーにとっても自分の資産をいかに守っていくかということは切実な問題です。

　"儲ける事よりも減らさない"，そのキーワードが"分散"です。正確には，儲けるためではなく，如何に収益のブレを小さく抑え損失を小さくするか，ということです。日々発生している様々な（小さな）リスクや忘れた頃にやってくる大きなリスクに対して，"分散"という備えが十分にできているかということが重要です。資産運用の原理原則は"分散"であり，そのねらいは，儲ける事ではなくリスクを管理することにあります。

　日本において，分散に関する議論は，主に年金資金の運用を行う機関投資家（プロ）の間で始まりました。1990年代後半から企業年金（DB）の資産配分比率制約が抑制され，資産配分を企業が決める時代になった事がきっかけです。年金運用を任されている運用機関や先進的な年金では，多くの理論的研究や実

i

証的検証をもとに多くの議論を積み重ねました。将来を見据えた研究課題は常に存在しているものの，すでに確立されたプロセスや今では常識となった考え方が多々あります。しかし，このようなプロの世界での考え方が，一般の人々に浸透するのは，まさにこれからといったところでしょうか。専門家のアドバイスを受けながらも，自分の資産は自ら管理するつもりで最低限の正しい知識を身につける事が重要です。そのために本書が一翼を担えるものと信じておりますし，また，このような時代の流れの中で，本書を出版できることを大変うれしく思います。

　本書は矢内先生お声掛けのもと，弁護士，税理士，国際税務の専門家，資産運用のプロが集結し，"分散管理" というコンセプトを共有して，執筆に至ったものです。各章の筆者は，専門的な深い知識と豊富な実務経験をもとに，是非知っておいてほしい重要の15 - 20のポイントを厳選して，わかりやすく解説しています。資産運用，資産管理の法務ポイント，信託・財団，事業継承，相続税，国際税務と内容は多岐にわたっていますが，一連の難しい内容について本質をついて解説し，初心者にとっても読みやすい構成になっています。

　これから資産形成を始める若者から年金を受け取り始める世代，年金生活者や相続問題で悩んでいる世代までのあらゆる世代，また，富裕層や事業オーナーの方々に是非読んでいただきたいと思います。加えて，関連する仕事に携わっている金融機関やコンサルタント等の人々にとっても，新しい発見のある書であると確信しています。

　最後になりましたが，本書の出版を快くお引き受けいただきました財経詳報社の宮本社長へ，厚く御礼申し上げたいと思います。

執筆者を代表して　　津金　眞理子

目　　次

はしがき

第1章　財産を減らさないための分散管理ポイント

1　顧客重視へと変わる運用業界のポイント　　2

2　資産運用の大原則：分散のポイント1　誤った分散例　　4

3　資産運用の大原則：分散のポイント2　分散の狙いとリスク抑制

6

4　資産運用の大原則：分散のポイント3　何を分散すべきか　　8

5　資産の分散を考える際のポイント　　10

6　資産配分（アセットアロケーション）のポイント　　12

7　銀行預金・タンス預金に潜むリスクのポイント　　14

8　"プロでも市場に勝つことは難しい"というポイント　　16

9　投資信託（投信）の問題点のポイント　　18

10　ETF（上場投資信託）活用のポイント　　20

11　金（ゴールド）の分散効果のポイント　　22

iii

12 金（ゴールド）保有のポイント　　24

13 分散投資としての不動産に関するポイント　　26

14 分散運用に関する原理原則のポイント　　28

15 分散投資に関するリスクとリスク管理のポイント①　　30

16 分散投資に関するリスクとリスク管理のポイント②　　32

17 資産運用を取り巻く日本の債券・株式市場のポイント　　34

18 最悪シナリオのポイント　　36

19 "自分の資産は自分で管理する" ポイント　　38

20 ケーススタディのポイント　　40

第2章　分散管理の法務ポイント
　　　（国際相続―海外資産の出口戦略）

21 分散管理において留意すべき法務的なポイント　　44

22 分散管理をする前に知っておこう！
国際相続リスク（実務上の障害）　　46

23 分散管理をする前に知っておこう！
国際相続リスク（法律上の障害）　　48

24 こんなに違う！　世界の相続制度―国際私法の対立　　50

25 こんなに違う！　世界の相続制度―実体法の対立　　52

26 プロベートっていったい何がそんなに大変なの？　54

27 プロベートを回避・プロベートの負担を軽減化するための方策

56

28 こんなに違う！―不動産の共有形態　58

29 こんなに違う！―所有権形態　61

30 こんなに違う！―相続における配偶者と子の権利　64

31 海外の資産を維持していく上でのポイント
―高齢化社会の問題点　67

32 分散管理とエステート・プランニングの必要性　70

33 分散管理とエステート・プランニング―留意点　72

34 ケーススタディ①―タイムシェア　74

35 ケーススタディ②―不十分なエステート・プランニング　76

第3章　財団・信託を利用した資産管理と相続ポイント

36 そもそも，財団・信託は，会社と何が違うのか？　80

37 会社でなく，あえて信託・財団を使うメリットは何か？　82

38 そもそも会社（資産管理会社）を使う目的は何か？　84

39 資産管理会社による財産保有に伴う注意点（弱点）は何か？　86

目　次　v

40 国内の信託とは具体的にどういうものでしょうか？　88

41 国内の信託はどのような目的で利用されているでしょうか？　90

42 国内の信託の受託者を誰に頼むべきでしょうか？　92

43 国外の信託（Trust）とはどういうものでしょうか？　94

44 国外の信託（Trust）設計にあたって何に注意すべきでしょうか？①
　96

45 国外の信託（Trust）設計にあたって何に注意すべきでしょうか？②
　98

46 国外の信託（Trust）の受託者を誰に頼むべきでしょうか？　100

47 ケーススタディ（国外信託（Trust）設計のシミュレーション）
　102

48 公益財団とは具体的にはどういうものでしょうか？　104

49 国外の財団（Foundation）とはどういうものでしょうか？　106

50 資産管理において，信託・財団を利用する場合に考えるポイントは
何でしょうか？　108

第4章　事業承継に関連する資産管理ポイント

51 企業価値を損なわない事業承継　112

52 経営承継円滑化法の概要　114

53 事業承継で意識すべき会社法の制度　117

54 事業承継で意識すべき民法（相続法）　120

55 相続税の基礎　123

56 贈与税の基礎　126

57 相続・贈与時における非上場株式の評価方法　129

58 事業承継税制の概要（相続税の納税猶予制度〔一般措置〕）　132

59 事業承継税制の概要（贈与税の納税猶予制度〔一般措置〕）　135

60 事業承継税制の概要（相続税・贈与税の納税猶予制度〔特例措置〕）
138

61 Ｍ＆Ａの活用による事業承継　141

62 Ｍ＆Ａの各手法の手続　144

63 Ｍ＆Ａの取引の流れ　147

64 Ｍ＆Ａにおける企業価値算定　150

65 Ｍ＆Ａにおける課税関係　153

第5章　財産の分散管理の所得税・相続税等のポイント

66 所得税：基本的な仕組みのポイント　158

67 所得税：海外関係の留意事項のポイント　160

68 所得税：株式の利益配当，投資信託の収益分配等のポイント

162

69 所得税：株式，投資信託受益権等の売却のポイント　　164

70 所得税：上場している株式，投資信託受益権等の売却のポイント

166

71 所得税：公社債のポイント　　168

72 所得税：預貯金等のポイント　　170

73 所得税：金地金（ゴールド）等のポイント　　172

74 所得税：先物取引，仮想通貨取引のポイント　　174

75 所得税：不動産の賃貸のポイント　　176

76 所得税：不動産の売却のポイント　　178

77 相続税等：基本的な仕組みのポイント　　180

78 相続税等：海外関係の留意事項のポイント　　182

79 相続税等：「住所」「日本国籍」「財産の所在」のポイント　　184

80 相続税等：財産の評価のポイント　　186

81 相続税等：特定の財産に認められる恩典のポイント　　188

82 所得税・相続税等：生命保険，個人年金保険のポイント　　190

83 所得税・相続税等：社団法人・財団法人のポイント　192

84 所得税・相続税等：信託（平成19年９月以後に効力発生）のポイント　194

85 税務当局の海外情報収集手段のポイント　196

第6章　海外を利用した分散管理の国際税務のポイント

86 世界各国の税金事情（法人税・所得税）のポイント　200

87 世界各国の税金事情（相続税・消費税）のポイント　202

88 海外で投資をした場合，どこで税金を払うのかに関するポイント　204

89 タックスヘイブン利用法のポイント　206

90 国際的税務情報の交換に関するポイント　208

91 外国で所得を得た場合，日本で課税になるポイント　210

92 日本から外国に移住する場合の課税上のポイント　212

93 租税条約の利用法のポイント　214

94 米国遺産税の利用法　216

95 日本の調書制度等による包囲網のポイント　218

96 過去にあった租税回避事例と一般否認規定のポイント　220

目　次　ix

97 今後ある日本の税金関連リスク：義務的開示制度のポイント

222

98 今後ある日本の税金関連リスク：富裕税導入のポイント　　224

99 今後ある日本の税金関連リスク：財産税導入のポイント　　226

100 分散管理と国際税務のポイント　　228

第1章

財産を減らさないための
分散管理ポイント

1 顧客重視へと変わる運用業界のポイント

■ ポイント

1 インパクトを与えた金融庁長官の講演
2 わが国の投信販売の問題点
3 顧客本位の業務運営に関する原則

■ 解　説

1 インパクトを与えた金融庁長官の講演

　2017年4月7日に開催された日本証券アナリスト協会主催の第8回国際セミナーにて，当時の金融庁長官の森信親氏が「日本の資産運用業界への期待」と題し基調講演を行った。（共通価値の創造），（積立 NISA の対象投信），（わが国の投信販売の問題点），（顧客本位の業務運営に関する原則），（金融庁の課題），（投資運用業の課題），（アセットオーナーの役割），（最後に）の順で述べられた。その内容は，運用業界にとっては必ずしも聞き心地の良いものではなかったが，国民や運用業界にとってあるべき方向を指し示している内容であった。次の2，3はその主な内容で，金融庁のホームページに掲載されている講演要旨の抜粋である。

2 わが国の投信販売の問題点

　"ではなぜ，長年にわたり，このような「顧客本位」といえない商品が作られ，売られてきたのでしょうか？

　資産運用の世界に詳しい方々にうかがったところ，ほぼ同じ答えがかえってきました。日本の投信運用会社の多くは販売会社等の系列会社となっています。投信の運用資産額で見ると，実に82％が，販売会社系列の投信運用会社により組成・運用されています。系列の投信運用会社は，販売会社のために，売りやすくかつ手数料を稼ぎやすい商品を作っているのではないかと思います。

　これまでの売れ筋商品の例をみても，ダブルデッカー等のテーマ型で複雑な

2

投信が多く，長期保有に適さないものがほとんどです。こうした投信は，自ずと売買の回転率が高くなり，そのたびに販売手数料が金融機関に入る仕組みになっています。"

3 顧客本位の業務運営に関する原則（2017年3月30日に公表）

"こうした現状を変えるべく，金融庁は，金融審議会における半年にわたる議論を踏まえ，「顧客本位の業務運営に関する原則」を確定し，公表しました。国民の安定的な資産形成を図るためには，金融商品の販売，助言，商品開発，資産管理，運用等を行うすべての金融機関が，インベストメント・チェーンにおける各々の役割を認識し，顧客本位の業務運営を務めることが重要です。しかしながら，金融機関の業務運営の実態は必ずしもそうはなっておらず，国民の安定的な資産形成が図られているとは言い難い状況にあります。

今後は，各金融機関において，本原則を踏まえた実効的な取り組み方針を策定・公表し，それを実践していくことが期待されます。本原則は，7つの項目から構成されていますが，その内容は，利益相反の適切な管理や手数料等の明確化，重要な情報の分かりやすい提供など，金融機関にとってみれば，ある意味当然に行われているべき内容です。"

その他，金融庁の課題としては，真に顧客のニーズに資する商品・サービスを提供する業者が発展することが原則であるが，レストランの食事と違って，金融商品は，その真の価値やコストが分かりにくい。そこで，さらなる「見える化」への努力が必要であること。顧客本位を口でいうだけで具体的な行動につなげられない金融機関が淘汰される市場メカニズムが有効に働く環境を作ることを挙げている。また，投資運用業の課題では，運用会社の社長が運用知識・経験に関係なく親会社から送り込まれたり，運用担当者は運用者である前に一会社員という意識が強いことを危惧し，本質的な運用力を高めることをできずいつまでたっても世界の一流になれないと述べている。

第1章　財産を減らさないための分散管理ポイント　　3

2 資産運用の大原則：
分散のポイント1　誤った分散例

■ ポイント

1　A子さんの誤った分散例
2　B男さんの誤った分散例

■ 解　説

　資産運用の大原則は分散である。分散とは何か，分散の狙いは何か，そもそも何を分散すべきか，どのように分散すべきか，様々な疑問がある。やみくもに分散しても，全く意味のないこともある。ここではまず，誤った分散の例を紹介する。

1　A子さんの誤った分散例

　「多くの卵を1つの籠に盛るな！」分散投資を語る時の有名な喩である。万が一，籠を落としてしまった場合すべての卵が割れてしまう危険があるので，複数の籠に盛りましょう，という趣旨である。投資の勉強をしたA子さんは，"1つの籠にもってはいけない"と思い，取引する証券会社を分散して，X証券会社とY証券会社，2つの証券会社に口座を開設した。そして，X証券では日経225ファンド，Y証券では日本株大型ファンドセレクトを購入した。

　（どこが誤っているのか？）

　まず，銀行を分散することは意味があるが，通常の取引において，証券会社を分散しても意味はない。

　また，A子さんは，どちらの証券会社からも日本株に投資をする投資信託を購入している。違う商品ではあるものの，どちらも日本株へ投資するファンドであり，資産分散になっていない。例えば，もし片方が外国株式に広く分散して投資をするファンドであれば，もっとより広く分散しているといえるであろう。

　日経225ファンドは，日本株式市場の動きを表す代表的な指数である日経平

均に連動するファンドであり，市場全体に広く投資をするインデックスファンドである。これは投資の哲学として理にかなっている。しかし詳細な理由は後述するが，投資信託ではなくETFを使っての日経225投資の方が，コストパフォーマンスが良いだろう。

2　B男さんの誤った分散例

　B男さんも，研究熱心で分散が重要であることも学んでおり，証券会社に口座を設けて，分散投資を行っているつもりである。B男さんは，最先端テクノロジーは今後有望と思い，次の投資信託Cと株式Dの２つを保有している。

　時代の先端を行くAIやロボットテクノロジーをコンセプトとした日本株の投資信託C

　情報通信関連の個別銘柄株式D

（どこが誤っているのか？）

　まず，A子さんと同様に日本株にしか投資をしていないので資産分散になっていない。

　また，日本株式の中でも，通信関連に関する投資であり業種が偏っている。有望な業種と予想していても，すでに割高になっているかもしれないし，かつて米国においてITバブルがはじけたように，将来何が起こるか分からない。A子さんのように市場全体に広く分散をする投資を中心に据えるべきである。その上で，CとかDを少し購入するのは良いであろう。また，投資信託Cには銘柄Dを含んでいる可能性が高く，D株式にはダブルで投資をしていることとなる。

　最近，分散投資を意識した投資信託も増えてきた。日本・海外を含め各国の株式や債券に投資をするファンドもある。しかし，投資信託の問題点については後述するが，特にこのようなファンドは手数料がかなり高い。また，資産配分を機動的に動かすことは，プロでも難しいとされていることだ。詳細はこれから説明するが，長期的な視点にたって基本となる資産配分を決めて，粛々と分散管理を行おう。

第1章　財産を減らさないための分散管理ポイント　　5

3 資産運用の大原則：
分散のポイント2 分散の狙いとリスク抑制

■ ポイント

1 分散の真の狙い
2 リターンではなくリスクに注目

■ 解 説

1 分散の真の狙い

　資産運用の大原則は分散であるが，分散とは何かを考えるにあたり，まず次の例題を見てほしい。

（例題）

A証券：10%上昇するか，あるいは10%下落する（上昇するか，下落するかは半々の確率）

B証券：10%上昇するか，あるいは10%下落する（上昇するか，下落するかは半々の確率）

　ただし，A証券とB証券は，完全に逆の動きをすることがわかっている（つまり，A証券が上昇した時はB証券は下落，逆にA証券が下落した時はB証券は上昇する。）。

　この時あなたは，A証券を購入しますか，あるいはB証券を購入しますか？それともA証券とB証券を同額ずつ買いますか？

（回答）

　分散の原則からは，A証券とB証券を同額購入した方が良い。

　　A証券とB証券を同額購入した場合：

　　　期待リターン0%，期待リターンのブレ（リスク）なし

　　A証券あるいはB証券だけの場合：

　　　期待リターン0%，期待リターンのブレ（リスク）+10%か-10%

　A証券とB証券を同額購入した場合は，AとBの2つの証券は完全に逆の動きをすることが分かっているので，2つを同額保有すれば，期待リターンは

０％であり，リスク（期待リターンのブレ）もない。すなわち，必ず０％しか得られない。

一方，Ａ証券又はＢ証券を購入した場合は，+10％を得られる可能性もあるが，－10％の損失を被る可能性もある。期待リターンのブレは大きい。しかし，それぞれの可能性は半々なので，平均的に期待できるのは０％のリターンである。

すなわち，どちらも得られるリターンの期待値は０％であるが，+10％の利益を得られる可能性を放棄して（別の言い方をすれば，－10％の損失を被る危険性を排除して），何も得られないことをあえて選択する。これが分散の本質である。また，Ａ証券とＢ証券は異なる動きをすることが分かっているので，分散することでリスク（期待リターンのブレ）を抑えることができる。このように，分散の真の狙いは，異なる動きをするものを数多く組み合わせて，リスクを抑制することである。

2 リターンではなくリスクに注目

何に投資をすれば儲かるか？　今後有望な銘柄は何か？　この種の情報が氾濫し，世の中の投資のイメージは，リターンをいかに稼ぐかであろう。しかし，発想は真逆であり，"リスクをいかに抑えるか"，ということが投資の大原則であり，分散の真の目的である。どこにリスクが潜んでいるかを見極めた上で，そのリスクを自分が今取りたいのか避けたいのかを判断することが重要である。

また，確実に高いリターンが得られる投資は世の中に存在しない。必ずどこかでリスクを取っていて，その対価として高いリターンが得られる可能性が存在している。リスクとリターンは対の関係にある。つまり，うまい儲け話は存在しないということである。

分散投資に係る様々なリスクとその管理については後述する。

4 資産運用の大原則：
　分散のポイント3　何を分散すべきか

■ ポイント

1　最も重要なのは資産の分散
2　将来のパフォーマンスを決めるのは資産配分

■ 解　説

1　最も重要なのは資産の分散

　分散といっても，まず何を分散すべきなのか？　まず一番にすべきは，保有する資産の種類を分散することである。ほかにも国の分散，銘柄の分散，業種の分散，通貨の分散，投資タイミングの分散，銀行の分散と様々考えられるが，まず資産の種類を分散しよう。

　そこで資産の種類とは，どのように分類できるのか？　現預金，株式，債券，コモディティ，不動産，金などに大別でき，さらに，この中に，日本国内か，海外か，海外資産でも米国や英国などの先進国なのか，それとも中国やインドなどの新興国なのかに分類される。

資産の種類の例

短期資産	現預金
株　式	国内株式 外国株式（先進国） 新興国株式
債　券	国内債券 外国債券（先進国）
実物資産	不動産 金
オルタナ	PE ヘッジファンド

　分散のポイントは，異なる動きをするものを組み合わせることであるが，概ね資産の種類の違いによって，その特徴的な動きが説明でき，異なる動きをするものが大別できる。

　図表は，基本的な資産についてのリスク・リターンを示したものである。縦軸に期待リターン（将来得られるであろうと予測したリターン），横軸には長期的なデータから求めたリスク（リターンのブレ幅で，数学的にはリターンの標準偏差で示される）を表している。国内株式や外国株式は，

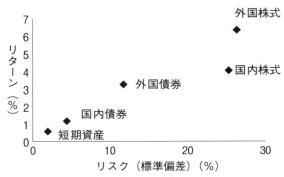

ハイリスク・ハイリターンの資産であり，国内債券はローリスク・ローリターンの資産であり，外国債券はそれらの中間に位置していることが分かる。

2　将来のパフォーマンスを決めるのは資産配分

　分散投資において重要なことは資産の分散であり，さらに，パフォーマンスを決める重要な要素は，それら資産の配分（何をどれだけ持っているか）である。つまり，資産の種類を決め，次にその配分を決めることが重要である。

　これは，アカデミックな論文でもいわれている。1980年代投資先進国の米国において，大手投資家は株式の銘柄選定や運用機関の選択に時間を費やしていた。しかし，1986年，アメリカの運用専門誌「フィナンシャル・アナリスト・ジャーナル」誌に掲載された，ブリンソン氏ほか3名が書いた論文の中で，「将来のパフォーマンスの90％は，資産配分によって決まる」ことが示された。このことは現在の市場でも当てはまり，プロの運用の世界では今や当たり前のこととして受け入れられている。

5 資産の分散を考える際のポイント

■ ポイント

1 異なる動きの組み合わせ
2 資産間の相関係数

■ 解　説

1 異なる動きの組み合わせ

投資の大原則である分散の狙いは，リターンを高めることではなく，リターン対比でのリスクを抑えることである。現実の世界では，**3**の例題にあるA証券とB証券のように，完全に逆の動きをする組み合わせはほぼないと言って良いだろう。しかし，できるだけ動きの違うものを組み合わせて，全体として得られる期待リターンの振れ幅を小さくすることで，目指す分散投資を実践することができる。

動きの異なる組み合わせを見つけるためには，資産間の動きの違い（似ている度合い）を示す相関係数に注目する。相関係数は1から－1の値をとり，プラス1とは全く同じ動きをする，－1とは全く逆の動きをすることを意味する。例題のA証券とB証券の相関係数は－1である。すなわち，相関係数の小さいものを組み合わせることで，資産全体のリスクを抑えることが可能となる。

2 資産間の相関係数

基本資産の相関を把握しておこう。次の2つの図表には，国内債券とその他の基本資産との相関係数，国内株式とその他の基本資産との相関係数が示されている。

国内債券と，国内株式・外国債券・外国株式との相関係数はどれもマイナスであり，国内債券はこれら資産とは，やや逆の動きをすることが分かる。一方，国内株式では，国内株式と国内債券の相関はマイナスで，両者はやや逆の動きをする。国内株式と外国債券の相関はほぼゼロであり，両者の動きにほぼ関連

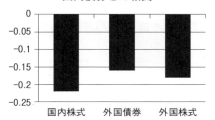
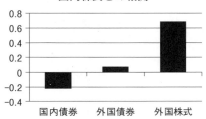

(これらの図表は，ホームページから閲覧可能な"GPIF平成28年度業務概況書"に記載のデータをもとに作成した。2016（平成28）年までの過去20年のデータ等を用いて計算されたものである。)

はない。国内株式と外国株式の相関は0.7であり，両者の動きはかなり似ているといえる。

　経済がグローバル化し，企業収益も海外の経済状況の影響を受けやすく，日本や海外といっても，先進国株式市場と日本株式市場の相関は高く7割程度は同じ動きをしているのである。つまり，株式ばかりを保有しても，十分な分散にはならず，株式以外の資産にもバランスよく投資することが重要である。

> GPIF
> 　年金積立金管理運用独立行政法人（GPIF）とは，サラリーマンや自営業者へ年金を支払うための積立金を管理・運用している厚生労働省の行政法人である。資産額は，144兆9,034億円（2016年度末）と世界の中でも断トツの資金量を運用している巨大投資家であり，運用のプロの世界では，GPIFの動向は常に注目の的となっている。運用状況等ホームページによる情報開示が進んでいるので，適宜状況を確認することができる。

6 資産配分(アセットアロケーション)のポイント

■ ポイント

1 最適な資産配分とは
2 最適な資産配分は人によって異なる

■ 解　説

1 最適な資産配分とは

　最適な資産配分比率とは，目標のリターンを達成すべく，最も資産全体のリスク（この場合，資産全体のリターンのブレ）が小さくなる資産の組み合わせ比率（あるいはリスク制約の中で最もリターンが高くなる資産の組み合わせ比率）である。

　最適な資産配分比率は，各資産の期待リターン・リスク，各資産間の相関係数及び制約条件をもとに数学的手法（2次計画法が最も一般的な計算方法である）を用いて算出することが可能である。

　下の図表は，金も含めた6資産での最適資産配分比率の計算結果例を示したものである。資産全体での目標リターン・リスク（ボラティリティ）が高まるにつれて，株式や金の比率が高くなっている。

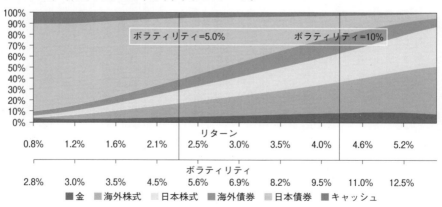

2 最適な資産配分は人によって異なる

このように最適資産配分比率は計算上無数に存在し，どの程度のリターンを目標とするか，どの程度のリスクなら享受可能か，その人の事情を勘案して選んでいくというのが，プロセスである。人は保有している資産額，所得水準，年齢，家族構成，投資の知識など様々で，リスク許容度が異なっている。リスク許容度が大きい，つまりリスクを取ることができる人は，リスクの大きな資産，例えば株式資産への配分比率が高くても良いことになる。

しかし，厳密に計算を行っても前提となる条件やデータによって計算結果が左右される。実務的には，数学的に求めた結果を参照しつつ様々な判断の中で決定している。また，個人向けには簡易的に投資家のタイプを2つあるいは3つに分けて，模範的な資産配分比率を示すことが多い。

自分の資産は自分で管理するつもりで，分散された資産配分比率の目標値を長期の視点にたって決め，粛々と分散管理を行ってみよう。そのプロセスやケーススタディについては後述する。

年金における資産配分の規制

現在，年金等を運用する機関投資家は，市場の規模や流動性，安全性等を考慮し，現預金，日本株式，日本債券，外国株式，外国債券を基本5資産と呼び，これら5資産の配分を重要視している。基本5資産からさらに拡張して，代替資産と呼ばれる新興国株式やインフラファンド，PE（プライベートエクイティ），ヘッジファンド等への投資を行っているところもある。

しかし，以前は，日本の年金資産の運用には，いわゆる「5：3：3：2」規制（安全資産50%以上，株式30%以下，外貨建て資産30%以下，不動産20%以下）がかけられていた。しかし徐々に規制が外れ，1997年2月に完全に撤廃されて以降は，資産配分（アセット・アロケーション）は自分で決める時代となった。その後，運用機関や年金基金（アセットオーナー）の間では，資産配分の結果だけでなく，そのプロセス，方法論，前提となる条件などについて多くの議論が重ねられ，現在に至っている。

このように分散投資に関する議論は，機関投資家であるプロの世界においてもたかだか20年の歴史しかなく，個人の資産運用に浸透するのは，まさにこれからといったところである。

7 銀行預金・タンス預金に潜むリスクのポイント

■ ポイント

1 決して安全ではない
2 不慮の事象
3 実質価値の減少（インフレと円安）

■ 解 説

1 決して安全ではない

2017年12月末時点における家計の金融資産残高は1,880兆円と過去最高を更新した。資産別の残高の内訳は，現預金が961兆円，株式が320兆円で半分以上が現預金である。日本人は銀行への信頼が厚く，メインバンクの預金にすべての金融財産を預けている人も少なくない。預金から株式等への資産の流れがなかなか進まない。また，長引く超低金利等様々な理由から自宅に現金を保管している，いわゆるタンス預金も増え，43兆円との試算もある。その背景には，銀行預金あるいはタンス預金をしている限り，減ることはなく安全だという確信があるのであろう。ある程度必要な資金を手元に置いておくことは必要であるものの，決して万能な手段ではないことを認識しよう。

2 不慮の事象

タンス預金に潜むリスクとしては，火事や盗難など不慮のリスクが考えられ，また，銀行預金（信用金庫や信用組合等への預金も含む）にも信用リスクが存在する。つまり破綻する可能性である。銀行が破綻した場合，銀行預金は，預金保険制度により1人元本1,000万円＋その利息が保証される。2010年日本振興銀行の破綻の際に初めてペイオフが実施されたものの，破綻前に合併や資金注入等が行われているのが現状ではある。しかし，1,000万円を超える預金については，複数の銀行に分散しておくことが基本である。

また，預金が引き出せなくなるリスクである。かつて戦後，日本でも預金封

14

鎖を実施している。新円切り替えと同時に，引き出しが制限された。最近の例では，財政危機に陥ったキプロスが2013年預金封鎖を実施している。

3　実質価値の減少（インフレと円安）

金融資産として現預金だけを持っていることのリスクとして，実質価値の減少リスク，具体的にはインフレリスク，円安リスクが存在する。どちらも円の価値が下落するリスクである。

⑴　実質価値の減少：インフレ（物に対しての円の価値の下落）

インフレは，物の価値が上昇することであり，その結果，物（もの）に対しての円（お金）の価値が相対的に減少してしまうことである。保有するお金の量は同じでも，購入できる物の量が減少し，実質的価値が減少してしまうリスクである。

日本はこの約20年間デフレーション（デフレ），あるいはディスインフレ状況が続き，日本銀行は2011年に物価目標2％を掲げ，大規模金融緩和を開始したものの，いまだデフレから脱却できたとは言い難い。このような状況下，インフレリスクを想像することは難しいかもしれない。しかし，第一次オイルショックを記憶している人も数多いことであろう。1974年の消費者物価上昇率は年20％を超え，スタグフレーション（不況でかつインフレ）に陥った。また今，海外に目を向けると，ベネズエラのハイパーインフレ・インフレ率100万％・通貨単位を5桁切り下げるデノミ（デノミネーション）を実施，というニュースが目に留まる。今後，想定外のことが起こるかもしれない。長期的にみて備えをすることがリスク管理として重要なポイントである。

⑵　実質価値の減少：円安（海外通貨に対しての円の価値の下落）

円安とは，海外通貨に対して円の価値が下落することである。円安にはメリットデメリット両方あるものの，通常の為替変動を大きく超え，何らかの理由で"日本売り"を意図した円売り状況が万が一起こった場合は，円の価値は急落する可能性が存在する。日本円だけを保有している人にとってのダメージは大きくなる。

8 "プロでも市場に勝つことは難しい" というポイント

■ ポイント

1 『ウォール街のランダム・ウォーカー』
2 『敗者のゲーム』
3 インデックス投資がアクティブ投資を上回る

■ 解 説

1 『ウォール街のランダム・ウォーカー』

『ウォール街のランダム・ウォーカー 株式投資の不滅の心理（A Random Walk Down Wall Street)』は，1973年バートン・マルキールによって書かれた人気のロングセラー書である。現在では改定を重ねて第11版が販売されている（日本語版（日本経済新聞出版社）は第5版より出版されている)。米国の個人投資家を対象として書かれた書籍であるものの，当時の日本では，投資の考え方として大変新鮮であり，プロの投資家の間でバイブル的書籍となり，その内容は今でも全く朽ちることなく読み続けられている。

日本語版は500頁を超えるもので，その内容は多岐にわたっており，市場の歴史や株式価値，分散投資，新しいテクノロジー等について書かれている。根本的な考え方は，市場は効率的であり，株価はランダム・ウォークする。したがって将来を予想することは難しく，プロでも市場にはなかなか勝てないというものである。実際に，たとえ多くを学び多くを経験したプロが，数回市場に勝ったとしても，持続的に長期間勝ち続けることは困難である。

2 『敗者のゲーム』

もうひとつのバイブル書が，1985年チャールズ・エリスによって書かれた『敗者のゲーム（Winning the Loser's Game: Timeless Strategies for Successful Investing)』である。もとは1975年に書かれた論文 "The Loser's Game" である。現在原著は第7版（日本語訳（日本経済新聞出版社）は第6

16

版）まで出版されており世界中で読まれている。投資の本質について書かれた本である。

「敗者のゲーム」とは，アマチュアのテニスの試合に例えて説明すると，ミスを多く重ねた方が負けてミスを減らした方が勝てるということである。プロの投資の世界は「敗者のゲーム」であるという。すなわち，プロの投資家でも，市場を上回ろうと売買を繰り返してミスを犯し，また売買手数料やその他のコストも勘案すると，長期的に市場平均より劣った成果しか挙げられない，ということである。すなわち，市場に勝つことは難しく，負けないようにするには，アクティブに売買を繰り返すのではなく，単純で退屈ではあるが市場ポートフォリオ（インデックス投資）を保有して持ち続ける，市場平均を上回るのではなく市場を受け入れることが重要である，と述べている。

3 インデックス投資がアクティブ投資を上回る

なぜプロでも市場を長期的に上回ることは困難なのか？　それは，市場は効率的であり，株価はランダムに動き将来を予想することは困難だからである。

市場は効率的とは，市場に影響を与えるような情報は十分に瞬時に伝わり，特定の投資家だけに有利に働くような情報は存在しない。したがって，ほかの人よりも優れた成果を挙げることは困難である，ということである。また，ランダム・ウォークするとは，効率的な市場のもとでは，株価の動きは無作為に規則性なく変動し，短期的に将来どちらの方向に変化するかを予測することは難しいということである。マルキールは，目隠しをしたサルがダーツを投げて選んだ銘柄も，専門家が注意深く作ったポートフォリオもさほど変わらない運用成果を挙げる，と書いている。

すなわち，プロでも市場を上回ることは困難とは，市場を上回るべき戦略を掲げているアクティブ戦略より，単に市場全体を保有しているインデックス戦略の方が勝っているということを意味している。

実際日本でも，投資信託を対象とした分析において，アクティブ投資は手数料等を勘案後，市場連動型のインデックス投資を平均的に下回っているという，数多くの検証結果が存在する。

第1章　財産を減らさないための分散管理ポイント　17

9 投資信託（投信）の問題点のポイント

■ ポイント

1　要件を満たさない多数の投資信託
2　日本と米国の手数料比較
3　投資信託にかかるコストに要注意

■ 解　説

1　要件を満たさない多数の投資信託

1にて投信の問題点として，手数料が稼ぎやすく顧客本位ではない商品が多数作られているのではないか，という金融庁長官による講演内容を紹介した。さらに同講演では，2018年１月に積立 NISA が開始されたが，開始に先立って実施された公募株式投信に関する検証結果についても説明されている。その主な内容は，以下のとおりである。

日本で売られている公募株式投信は5,406本あるが，積立 NISA の対象として要件を満たすものは，インデックス投信とアクティブ型投信合わせて約50本と，全体の１％以下，うち，アクティブ型投信については，2,707本ある中で僅か５本であった。

同じ基準を米国に当てはめてみると全く異なる結果となる。米国で残高の大きい株式投信については，上位10本のうち８本が，積立 NISA 基準を満たしていた。一方，日本の残高上位30本の株式投信の中でこの基準を満たしたのは，29位の１本だけであった。

また，アクティブ型投信の過去10年間の平均リターンについて，281本の平均リターンは信託報酬控除後で年率1.4％であり，全体の３分の１がコスト控除後でマイナスのリターンであった。ちなみにこの期間の日経平均株価は年率約３％上昇している。

金融庁が積立 NISA の対象商品の要件として設定した内容は，長期投資を前提としていること，毎月分配型でないこと，レバレッジがかかっていないこと，

ノーロード，信託報酬が一定率以下であること等である。どれも我々顧客にとってはありがたい要件である。

2 日本と米国の手数料比較

　次の表は，売れ筋の投資信託（残高上位5本）の手数料等について，日本と米国の比較を行ったものである。NISA 導入の検討を行った際に金融庁が作成した資料からの抜粋である。

　資産規模は米国が日本の20倍と圧倒的に大きく，また過去10年間では日本のファンドはマイナスの収益率となっている。さらに販売手数料，信託報酬とも日本の方がかなり高い。米国と比較すると，投資信託は魅力ある商品とはいい難いことがよく分かる。

	規模（純資産）の平均	販売手数料平均（税抜き）	信託報酬（年率）平均（税抜き）	収益率（年率）過去10年平均
日　本	1.1兆円	3.20%	1.53%	▲0.11%
米　国	22.6兆円	0.59%	0.28%	5.20%

（金融庁資料からの抜粋）

3 投資信託にかかるコストに要注意

　投信は，X アセットマネジメントとか XX 投信会社，あるいは XXX 投信投資顧問会社と呼ばれる運用会社が企画・運用を行い，証券会社や銀行が販売会社（販社）で，事務手続き等の管理は信託銀行が担当する。このように投信の運用・販売には多くの会社が関連して，それぞれに対して手数料を支払う仕組みである。投信に係る主なコストは一般に次のようになっている。

① 　購入時の手数料：販売手数料，販社に支払う（上の表では約3.2%）。現在ではノーロード投信といわれ販売手数料をとらない投信もある。

② 　保有中にかかる費用：信託報酬，運用会社・管理会社が運用管理費用として受け取る手数料で，ファンドの中から毎年差し引かれる（上の表では1.53%）。

③ 　売却時の手数料：信託財産留保額，解約時に徴収される（約0.5%程度）。

　上の3つの手数料合計は，3.2＋1.53＋0.5＝5.23%となり，この超低金利の時代に5%を超える手数料を支払うこととなる。特に信託報酬は保有する期間にわたり取られ続ける手数料であり要注意である。

10 ETF（上場投資信託）活用のポイント

■ ポイント

1 ETF の手数料は投信と比べ魅力的
2 分散投資のための容易な手段
3 レバレッジ型 ETF には要注意

■ 解 説

1 ETF の手数料は投信と比べて魅力的

ETF の魅力は，手数料の安さと手軽さである。しかし，投信はよく耳にするが，そもそも ETF が何であるかを知らない人も多いであろう。その理由は，金融機関の担当者はほとんど ETF を宣伝することがないからかもしれない。自分で探しに行かない限りわからない，いわゆる "売り子のいない投資信託" である。上場投資信託と呼ばれているように ETF は金融商品取引所（日本の場合は主に東京証券取引所）に上場されているため，通常の株式の売買のようにどの証券会社からでも自由に売買することが可能である。ただし，外国籍の ETF については一部の証券会社でしか取り扱っていないものもある。

投信のように販売会社に対する販売手数料は必要ない。購入時は，売買手数料を，株の売買と同様に証券会社に支払う。もし手数料の安いネット証券であれば，例えば，10万円まで100円（0.10％）という安い売買手数料だけで済む。前述した投信購入時の手数料は3.2％であったので，格段の違いがある。

また，信託報酬についても，ETF の場合は指数連動型の商品設計となっているため複雑な商品は少なく，投資信託と比較して格段に安い。前述した残高上位5本の投信の信託報酬は1.53％であったが，残高上位5本の ETF の信託報酬は0.22％であった。購入時にかかる手数料，運用管理の費用とも，ETF は非常に魅力的である。

2 分散投資のための容易な手段

ETF は，市場に連動する商品設計となっているために，分散投資実現のための容易な手段である。"プロでも市場に勝つことは難しい"という哲人たちの教えを実現するには，うってつけの投資手段である。少額からの購入が可能で，少額でも分散された銘柄を数多く購入するのと同じ効果が得られるのである。

日本株市場，先進国の外国株式市場，あるいは金市場など，どの指数に連動するかが決められていて種類も豊富である。例えば日本株式を対象とした ETF の場合，トピック（東証株価指数）連動の ETF や日経225連動の ETF が各社から出されている。東京証券取引所のホームページには上場されている全一覧が掲載されている。

（例）信託報酬の安い ETF のリスト

銘柄名	信託報酬	投資対象資産	運用会社
i シェアーズ TOPIX ETF（1475）	0.06%	日本株	ブラックロック
上場インデックスファンド米国株式（S&P500）（1547）	0.06%	米国株式	日興アセットマネジメント
MAXIS トピックス上場投信（1348）	0.08%	日本株	三菱 UFJ 投信
DIAM ETF トピックス（1473）	0.08%	日本株	アセットマネジメント One
MAXIS JPX 日経インデックス400上場投信（1593）	0.08%	日本株	三菱 UFJ 投信
SPDR S&P500 ETF（1557）	0.09%	米国株式	ステート・ストリート・グローバル・アドバイザー
上場インデックスファンド TOPIX Ex-Financials（1586）	0.09%	日本株	日興アセットマネジメント

3 レバレッジ型 ETF には要注意

ETF に関しての注意点を挙げるとすれば，ブルベア型等のレバレッジのかかった ETF も上場されているが，これはリスクが高いので要注意である。ブルベア型とは，簡単に説明すれば，例えばトピックス・ブル2倍というような名称の ETF は，もし日本株市場（トピックス）が5％上昇した際に，理論上その2倍の10％上昇するが，5％下落した際にも2倍の10％下落する商品設計となっている。すなわち，レバレッジをかけて価格の振れ幅を大きくしているために，リスクが大きな ETF であるのでお勧めしない。

11 金(ゴールド)の分散効果のポイント

■ ポイント

1　主な資産との相関の低さ
2　様々なリスクへの反応
3　金のユニークな需要特性

■ 解　説

1　主な資産との相関の低さ

　金(ゴールド)は，分散効果あるいはリスクヘッジという点で，大変魅力ある資産である。金は他の金融資産とは違う独特な特性をもち，株式や債券とは全く異なる動きをするためである。主な資産との相関係数をみても，特に日本債券や日本株式との相関が低いことが分かる。分散の原則に従い，主な資産と異なる動きをする金を長期的に保有する資産として組み入れることで，より効率の良い資産の組み合わせを実現することができる。

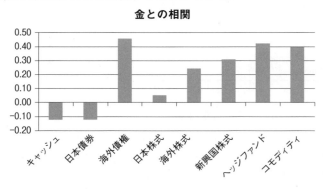

2　様々なリスクへの反応

　1971年の金とドルの交換が停止された，いわゆるニクソンショックで，金本位制が終焉した。その後も金は通貨として特性を備えている。その他，有事の金ともいわれるが，様々なリスク要素に対して，次のような特性を備えている。

（各リスク要素については，**16**，**17**を参照）

インフレリスク ──────── 実物資産であり，インフレリスクに強い

信用リスク ──────── デフォルトすることがない

通貨リスク ──────── 究極の通貨，国の信用に依存しない

流動性リスク ──────── 適度な流動性がある

資産全体の収益率のブレ ── 主要資産との低相関ゆえ十分な分散効果がある

テールリスク ──────── 100年に１度といわれるテールリスク時の損失
抑制効果

3　金のユニークな需要特性

　金は，新たに掘り出されるものもあるが，リサイクルされ再利用することも可能である。下の図表は，最新の金の需要統計の数値である。2017年の１年間，世界中で新たに利用された金の量は4,109トンで，そのうち半分以上がネックレス等の宝飾品である。その国別の内訳では，金が伝統文化に根付いた中国とインドの２か国で半分以上を占める。また，８％が携帯電話等に利用されるテクノロジー需要である。かつては歯科利用（いわゆる金歯）の比率も高かったが現在では半導体が主なテクノロジー利用となっている。地金や金貨（バー＆コイン）として販売されたものが約25％，残りは世界の中央銀行が買い増しをしたものであり，また，金の現物を裏付けとしたETFによる新たな保有分もある。

　また，金は世界各国の中央銀行等が外貨リザーブとして保有している。保有残高のトップは米国で，中国やロシアは近年保有量を増やしている。

2017年の世界の金需要

2017年		
宝　飾	2,160トン	52.6％
テクノロジー	333トン	8.1％
バー＆コイン	1,039トン	25.3％
ETFs	203トン	4.9％
中央銀行	374トン	9.1％
合　計	4,109トン	

中央銀行金保有高上位10か国

	国名	（トン）	外貨準備に占める割合
1	米　国	8,133.5	75％
2	ドイツ	3,372.2	70％
3	IMF	2,814.0	─
4	イタリア	2,451.8	68％
5	フランス	2,436.0	63％
6	中　国	1,890.8	18％
7	ロシア	1,842.6	2％
8	スイス	1,040.0	5％
9	日　本	765.2	3％
10	オランダ	612.5	67％

第１章　財産を減らさないための分散管理ポイント　　23

12　金（ゴールド）保有のポイント

■ ポイント

1　金価格の変動要因
2　全資産の3－10％程度の保有が最適
3　金の投資方法

■ 解　説

1　金価格の変動要因

　金取引の中心は，主に米国及び欧州で，金の取引はドルベースが主流である。円ベースでの金価格は，金のドルベース価格に，円ドル為替レートを勘案して，価格付けがされている。したがって，たとえ，金のドルベース価格が変動しなくても円高になれば円ベースでの金価格は下落し，逆に円安になれば円ベースでの金価格は上昇する。グラフには，円ベースでの金価格とドルベースの金価格を，1969年から示してあるが，円ベースとドルベースでの動きの違いは，為替レートによるものである。

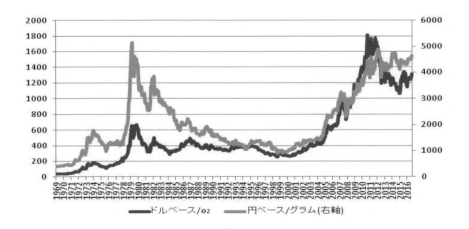

金価格は毎日変動しているが，金価格（ドルベース）の変動要因について分析をした結果，最も影響の大きい要因はドルの実効為替レートであった。

2　全資産の3-10%程度の保有が最適

6ですでに，金も含めた最適な資産配分（アセットアロケーション）の検証結果を示したが，その結果，金の保有比率は保守的な投資家の場合で3-5%程度，積極的にリスクを許容できる投資家の場合8-10%であった。

3　金の投資方法

金に投資する際にもETFを活用することができる。先物等を利用して金価格を模倣するETFも存在するが，金の現物を裏付けとするETFがおすすめである。具体的には，最も残高の大きいのは，"SPDRゴールド・シェア（1326）"あるいは，日本市場では，"純金上場信託（現物国内保管型）（1540）「金の果実」シリーズ"がある。他のETFと同様に，証券会社を通じて購入することが可能で，現在の相場では1口約4000円程度から購入できる。

金の現物である地金や金貨を購入する方法もある。この場合，クレジット決済はできないため，貴金属を取り扱う専門の会社から現金にて購入することとなる。貴金属会社によっても取り扱っている内容は異なるが，地金は5グラムから1キログラム（約2.5万円から500万円）の中で，予算に合わせ，例えば，10グラムあるいは500グラム等々の選択が可能である。金貨については，1/10オンス（約3g）～1オンス（約31g）の金貨が購入可能である。オーストリア造幣局が発行するウィーン金貨ハーモニー，メイプルリーフ金貨の発行元はカナダ王室造幣局，パース造幣局発行のカンガルー金貨，どれも美しいデザインが施されている。また，金の現物の価格は，日々変化し，また会社によっても若干の差が生じている。

このほか，純金積立という方法もある。定期的に一定額を購入する仕組みで，かつて日本が金投資ブームであったころは銀行でも販売されていた。

以前は税金対策で金を保有する資産家も多かったが，その観点での魅力は薄れている。この点については，次章以降をご参照いただきたい。

第1章　財産を減らさないための分散管理ポイント　25

13 分散投資としての不動産に関するポイント

■ ポイント

1　地域を分散せよ
2　不動産ポートフォリオの見直しは必要ないか
3　REIT（リート：不動産投資信託）への投資

■ 解　説

1　地域を分散せよ

　不動産には，価格・賃貸収入が変動する市場リスクや，売却する際にいくらでいつ売却・換金できるかわからない流動性リスク等，他の金融資産にはない特有のリスクが存在する。最も注意すべきは，地震や津波・水害等の自然災害リスクであろう。自然災害リスクは，常時頻繁に発生するものではないものの，万が一発生した場合は，不動産価値を大きく失墜させ，時にはすべての価値を失ってしまうこともある。地震や津波発生の危険度，地盤の状況，液状化リスク，大雨による洪水や高潮，地滑りなどによる危険度などを事前に確認する必要があることはもちろんであるが，不動産についても，投資の原点に立ち返りリスク分散の観点で考えてみると，"地域を分散すること"が大変重要である。
　富裕層の中には，自宅の近所あるいは同地域に投資用賃貸マンションを購入したり，あるいは同じ投資用賃貸マンション内に2つの物件を保有したりする場合を見かける。不動産業者の勧めや土地勘という点でありがちな判断である。しかし，自然災害リスクだけでなく，火災リスクや大規模修繕に係るキャッシュフロー分散などのリスクを考慮すれば，地域分散をして不動産を取得すべきである。

2　不動産ポートフォリオの見直しは必要ないか

　日本人が保有する資産の大部分を占めるのは不動産である。その主な目的は，居住用あるいは事業用であるが，そのほかにも，賃貸収益や価格の上昇を目的

とした純粋な投資，また，相続財産として保有するケースがある。不動産は，株式や債券の金融資産とは異なる動きをし，分散効果が発揮できる。また，金と並び，実物資産の代表としてインフレヘッジ資産であるといわれる。また詳細はほかの章に譲るが，相続税対策としての側面も持っている。

しかしその評価には，個別性の強さを認識する必要がある。不動産には同じ物件は２つとないため，個別性の強い資産である。株式や債券，金などとは絶対的に異なる特性である。

大半の資産家の場合，相続等で代々引き継いだりして複数の不動産をなんとなく保有しているケースも多いであろう。不動産についても，保有の目的を明確にし，現在の不動産ポートフォリオが最適であるか，分散の効いたポートフォリオになっているか，何がリスクであるか，といった点をチェックしておくことが必要である。

3 REIT（リート：不動産投資信託）への投資

REIT（リート）とは，不動産投資信託と呼ばれ，投資家から資金を集めてオフィスや商業施設，マンション等の不動産へ投資を行い，そこから得られる賃貸収入や不動産の売買益を原資として，費用等を差し引き残りの収益を投資家に配当する商品設計である。金融商品取引所に上場されており，株式と同様に容易に売買することができる。現在，東京証券取引所に上場されている J-REIT（Japan-REIT）は60本を超えている。複数の不動産を，REIT を通じて間接的に所有することとなり，多様な地域や物件にリスク分散された不動産ポートフォリオを保有することができる。その他，現物の不動産を自ら購入する場合と比較して，少額の単位からの投資が可能，維持管理の手間がない，上場しているため高い流動性（換金性）が確保されているなどの特徴がある。一方，不動産売買や物件の管理運営にかかる費用が差し引かれるため，平均利回りはその分低下することになる。ここ５年間の J-REIT 分配金利回りは平均３-４％程度となっている。また金融資産的な性格が強くなるため金融市場の影響を受けやすく，また相続税対策としての不動産保有の代替とはならない。

第１章　財産を減らさないための分散管理ポイント　27

14 分散運用に関する原理原則のポイント

■ ポイント

1 長期投資の原則
2 時間分散の原則
3 先物・信用取引・証拠金取引・オプション取引は要注意

■ 解 説

すでに説明した資産運用の大原則：分散のポイント以外に，押さえておきたい基本的な事項である。

1 長期投資の原則

運用，というと売買を繰り返し，短期的に収益をいかに上げるかというイメージを持っている人も多いかもしれない。また以前は，金融機関が頻繁に投資信託等の乗り換えを進め，売買を促進していたのも事実である。しかしこれは正しい資産管理とはいえない。資産運用の原理原則は，5年から10年くらいを前提とした"長期"である。資産配分が重要であることを述べたが，長期を前提として資産配分の基本的な方針を立て，3か月から1年に1回程度，微調整をかけていく，というのが大枠の流れである。これについては，19，20を参照。

また，長期に保有することで，市場の変動率は大きく減少する。例えば前述したように株式の1年間の変動率は25％程度であったが，これが5年間の投資を前提とすれば約11％，10年間の投資を前提とすれば約8％まで低下する。短期的には変動が激しい資産でも，長期間保有することで安定した収益を得られる可能性がある。

2 時間分散の原則

定年退職者は，退職金という形で生涯最も大きなお金を手にする。退職金目当てのビジネスも盛んである。金融機関に勧められ，今はやりの投信にすべて

を預けてしまう人も少なからずいるであろう。これは資産分散という点でも誤っているし、また、タイミングとしても疑問である。投資のタイミングを計ることは大変難しく、結果論でしかない。時間分散を図ることに疑問を投げかける学者もいるが、やはり一度にリスクを取るのではなく、例えば、"ドルコスト平均法"で、一定金額ずつ何回かに分けて投資をすることも1つの方法である。大きな資産の入れ替えを行う際も同様で、時間分散を図り、何回かに分けて積み上げていくことをお勧めする。売却する場合も同様である。

3 先物・信用取引・証拠金取引・オプション取引は要注意

リスク管理を重視するのであれば、先物取引、証拠金取引、FX 取引（差金決済）などは絶対にやってはいけない取引である。これらは、レバレッジ、つまり"てこの原理"が働いて、少額の元手で大きな変動を引き起こし、大きな損失を被る可能性がある取引である。通常の取引であれば、100投資をしたら最大でも損失は100に限定されるが、損失がその数十倍まで膨らむ可能性があるからである。もちろんその逆で儲かる場合もあるが、その確率は半々であることを、充分に理解すべきである。

オプション取引も同様である。デリバティブ取引とは、原資産から派生した取引という意味で、オプション取引や先物取引を含む総称である。オプション取引の場合、買いは手数料を支払うことで損失をある程度限定させるためのヘッジ手段になるが、オプションの売りの場合、一時的にコストがかからない、あるいは手数料がもらえる等の利点があり目先魅力的に見えるが、損失が無限大となる可能性を含んでいる。事業を営む人が必要に迫られて利用せざるを得ない場合は、特にオプションの売りには要注意である。

難しいものや複雑な商品を理解することは知的好奇心を満たすかもしれない。しかし良い商品かどうかというのは、別の基準である。**8**で述べた2冊のバイブル書をもう一度参照してほしい。

第1章　財産を減らさないための分散管理ポイント　**29**

15 分散投資に関するリスクとリスク管理のポイント①

■ ポイント

内在するリスクとその対応策

■ 解 説

内在するリスクとその対策

① 株価変動リスク：長期投資をすれば変動のブレは小さくなる。個別株式がもつ固有リスクは，相関が小さい銘柄に分散することで，小さくできる。

② 金利変動リスク：金利が変動することで債券価格は変動する。しかしその変動の程度は株式等の変動と比べれば小さい。また，国債等は償還まで持ち切れば（あるいはデフォルト等がなく持ち切ることができれば），途中に時価変動はあるものの，償還時には元本が返済される。

③ 為替リスク：外国株式や外国債券等，外貨建て資産を保有する場合は，為替が変動することによっても，円ベースでの時価は変動する。例えば，保有している外国株式は，外国株式の現地通貨での価格が同じでも円高になれば円ベース価格は下落し，円安になれば上昇する。為替の影響を排除したいなら，為替ヘッジをつける手段もあるが，およそ金利差分（例えば米国金利－国内金利）のコストがかかる。また当然ではあるが，円安によるプラスも享受できないし，通貨分散の効果も得られない。

④ 通貨リスク：日本円への不安が多少なりともあれば，通貨分散をすべきである。通貨分散の手段として，外貨建て資産の購入，外貨預金，あるいは他通貨へ投資する貯蓄型の保険商品も選択肢である。又は究極の通貨である金への投資が考えられる。

⑤ 信用リスク：株式会社の倒産や債券発行体のデフォルト等，起きてしまうと元本がすべて失われてしまう可能性があるリスクである。デフォルトの可能性は，「格付」も1つの目安となろう。ノックイン型債券やEB債等の仕組み債へ投資をする場合は，発行体を分散することが重要である。銀行預金も元本

30

1,000万円以上の部分は信用リスクにさらされている。資産全体に占める上限を設けて，万が一発生しても最小限の影響でとどまるような分散管理が必要である。

⑥　流動性リスク：換金したい時にすぐに売却できない，あるいは相当低い価格でしか売却できないリスクである。不動産は，金融資産と比較して流動性が乏しい資産である。金融資産についても信用リスクが高まった状態となると，流動性が低下してしまう可能性は否定できない。

⑦　カントリーリスク：その国の政治・経済・社会情勢の不安定化により損失を被るリスクで，ブラジルやトルコ，中国，ロシア等新興国と呼ばれる国の場合，特にカントリーリスクは大きくなる。

⑧　インフレリスク：物価の上昇（インフレーション）によって貨幣価値が下落し金融商品の実質的価値が下落するリスクである。金や不動産はインフレに強い資産の代表である。株式もインフレヘッジ効果があるといわれている。一方，現金・預金・債券はインフレに弱い資産である。やはりその対処には異なる資産への分散が重要である。

⑨　途中償還リスク

債券の中には発行体が途中償還できるものがあり，満期日以前に償還されてしまうリスクである。元本は返済されるが，予定していたクーポンが途絶えてしまうリスクである。

⑩　繰上償還リスク（投資信託）

投資信託が，信託約款で決められた信託期間（運用期間）の満了日前に償還されるリスクである。繰上償還の条件は信託約款で事前に決められているが，例えば予定どおり資産規模が拡大しなかったり，資金流出が恒常的に続いたり，運用成績の不振が続くなどして繰上償還されることがある。その時の時価残高で返却されるものの，次の投資先を探す必要性，さらには，新たに購入する場合は再度手数料を支払う場合もある。

　自分が保有している資産は現在どのリスクを内在しているか，どれか１つのリスクだけに偏っていないかなどをチェックすることが重要である。リターンを予測することはできないが，リスクへ備えることは可能である。

16　分散投資に関するリスクとリスク管理のポイント②

■ ポイント

1　気付かないリスクに気付け！
2　最悪の事態を想定せよ

■ 解　説

1　気付かないリスクに気付け！

　資産運用の大原則は分散であり，分散の目的はリスクへの対処であることを繰り返し述べている。また，うまい儲け話などないことはすでに承知済みのことであろう。しかし，どんなリスクがすでに内在しているのか，将来どんなリスクが起こる可能性があるのか，それらのリスクに対しての対応は十分かを考えておく必要がある。それは，気付いていないことかもしれないし，気付いていてもそんなことは起こり得ないと素通りしているかもしれない。

　過去に，為替オプションを利用した商品で多くの企業が損失を被った例がある。2000年代中ごろ，金融機関が主に中小企業向けに販売した長期為替予約（為替デリバティブ商品）である。決められた円の水準の範囲内であれば利益が発生するものの，5年10年という長期の間に一定水準を超えると損失が拡大する商品設計であった。長期契約の商品であるが，投資の原則である長期投資とは全く別の意味である。一定水準を超えるかという判断において，当時の為替水準を前提に起こり得ない，と素通りしていたのかもしれない。5年10年の間に何が起こってもおかしくないという前提で物事を考えなければならない。

　また，例えばこんなケースも見受けられる。その1つは，持ち株制度である。自分の勤務する会社の株式を一定金額ずつ購入し貯蓄する制度をもっている会社もあろう。長期投資でドルコスト平均法に基づき購入する良い制度である。しかし，会社は順調に成長し株価も上昇することが大前提となっていることを忘れてはならない。万が一の事態が発生してしまい，職を失い，持ち株制度で保有していた会社の株式も紙くずになってしまったケースが実際に存在する。

自社株に加えて同業者や関連会社の株式を保有する事業オーナーについても同様のケースであろう。取引関連やしがらみ等で保有するケースも少なくないであろうが，その業界が好調の時は良いが，変調をきたした場合は共倒れのリスクが内在する。できれば，全く異なる業界への投資を増やし業種分散を図ることがリスク分散となる。

　輸出入事業をメインとした企業オーナー等は，外貨建て資産の比率について，事業で抱える為替リスクとの兼ね合いも考慮する必要があろう。

　また，外貨建て資産の比率を引き上げる際に，すでに取引のあるメインバンクで外貨預金を始めることは容易な選択肢である。しかし，外貨預金は預金保険の対象外である。外貨預金を行う際には，不安のない信用力の高い金融機関を利用することが，万が一の備えである。

　最もよくある株式保有の例として，大型銘柄だけを数銘柄保有しているケースである。日本株式の場合，最低30〜50銘柄を上手に選択しないと良い分散にはならないとの検証結果がある。また有名な大企業といえどもこれから先も健全であり続けるとは限らない。やはり分散である。

2　最悪の事態を想定せよ

　「テールリスク」とは，100年に１度と起こる確率は低いものの，いったん起こってしまえば大きな損失が生じる可能性があるリスクのことである。9.11（アメリカ同時多発テロ）や3.11（東日本大震災），想定外の事態が発生している。またリーマン・ショックによる影響も非常に大きいものであった。

　何が起こるか分からない。絶対ないと決めつけることができない。将来のことは分からない。どんなことでも起こり得る。最悪の事態を想定して対策を講じておくことが，最善の手段であり，"備えあれば憂いなし"である。

　この際，何が起こっても無傷でいることを想定してはいけない。いかに傷口を最低限に抑えられるかという視点で考えることである。最も大事なのはもちろん命・生きることであるが，資産に限った話をすれば，分散をすることで，１つがだめでもほかは残る可能性を少しでも多く残しておくことである。

第１章　財産を減らさないための分散管理ポイント　　33

17 資産運用を取り巻く
日本の債券・株式市場のポイント

■ ポイント

1　日本銀行による国債大量保有
2　株式市場も日本銀行が大株主か

■ 解　説

1　日本銀行による国債大量保有

　2008年のリーマン・ショックから10年が経過したが，その間，主要国の中央銀行は低金利を継続し，過去に前例のない規模の流動性を市場に供給した。しかし，米国では2015年以降利上げを開始し新規購入も停止，ECBも正常化に戻りつつある。一方，日本銀行は2％の物価安定目標を掲げ，量的・質的金融緩和を実施し，大規模かつ長期化している。現在も年間80兆円の国債買入を行っている。日本銀行による国債の引き受けは財政法第5条により原則禁止とされている（「国債の市中消化の原則」）。通貨の増発により悪性のインフレを引き起こし，内外からの信頼が失われてしまう可能性があるから，と日本銀行のホームページでも説明している。しかし，2018年3月末の日本銀行が保有する国債保有残高は459兆円に膨れ上がり，国債等残高1,097兆円の41.8％を占め最大の国債保有者である（図表：資金循環国際等の保有者内訳参照）。

　今後，金融正常化の過程において，金利上昇により日本銀行の収益が悪化し，日本銀行の財務の健全性が損なわれることを懸念する声が多い。最終的には，国民への負担，国民生活への影響が出てくる可能性は十分に想定される。

　10年債利回りは0％に近い水準あるいはマイナス金利となり，長期国債の魅力は薄れ，国債引受が成立しない事態も発生している。

2　株式市場も日本銀行が大株主か

　金融緩和策の一環として，日本銀行は株式の買入も行っている。2010年11月に年間1兆円の買入枠を設定してETFの買入を開始，その後買入枠を年間3

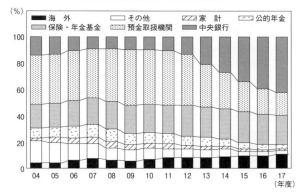

資金循環国債等の保有者内訳

兆円へと拡張，現在は6兆円枠で買入を続けている。主には，日本株式市場全体に連動するETFである。その結果，20兆円を超える保有となっている。日本株式市場全体の時価総額の4％弱を占める規模ではあるものの，銘柄によっては，発行済株式数の20％を，ETF保有を通じて間接的に日銀が保有することとなっている会社も出てきている。

　日銀の買入継続は，現在の好調な株価に少なからずプラスの影響を与えていると推測できる。また，国債とは異なり償還されることがないため，バランスシートから外すには，どこかで売却をする必要が生じよう。世界でも中央政府による株式の買入は例を見ず，何か秘策はあるのか，不安材料である。

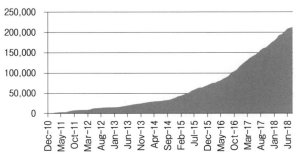

日本銀行　ETF保有額（億円）

第1章　財産を減らさないための分散管理ポイント　　35

18 最悪シナリオのポイント

■ ポイント

1 深刻化する過剰債務問題
2 過剰債務問題は解決するのか？

■ 解　説

1 深刻化する過剰債務問題

　日本の政府債務残高のGDPに対する比率が200％を超えた異常事態は2009年より続いており，現在は230％超えの危機的状況である。財政健全化計画は何度も先送りされ，2018年6月の閣議で決定された新しい財政健全化計画によると，基礎的財政収支の黒字化の目標時期は5年先送りし2025年度である。この日本の財政状況は，世界の中でも最悪である。2010年初めに国家債務問題が表目化し，その後欧州危機へと発展したギリシャをも大きく超えている。日本でも戦後に預金封鎖を行ったことがあるが，昭和19年時点の政府債務残高（対GDP）は204％であったとの記録がある。時代は異なるものの，それを上回る状況である。

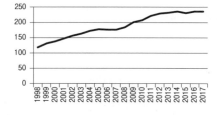

日本の政府債務の上昇推移（GDP比）

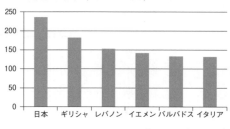

政府債務残高（対GDP比）のワースト6

（データ元：IMF）

2 過剰債務問題は解決するのか？

　2011年に日本語訳された『国家債務危機　ソブリン・クライシスに，いかに

対処すべきか？』（作品社）は，元フランス大統領補佐官，経済学者，思想家，作家でもあるジャック・アタリの書籍である。その中で，著者は，"債務危機の歴史から学ぶ12の教訓"という章を設けているが，その中から８つを抜粋する。

① 公的債務とは，親が子供に，相続放棄できない借金を負わせることである。

② 公的債務は，経済成長に役立つことも，鈍化させることもある。

③ 主権者が，税収の伸び率よりも支出を増加させる傾向を是正しない限り，主権債務の増加は不可避となる。

④ 国内貯蓄によってまかなわれている公的債務であれば，耐え得る。

⑤ 公的債務危機が切迫すると，政府は救い難い楽観主義者となり，切り抜けることは可能だと考える。

⑥ 主権債務危機が勃発するのは，嫡子定規な債務比率を超えた時よりも，市場の信頼が失われた時である。

⑦ 主権債務の解消には八つの戦略があるが，常に採用される戦略はインフレである。

⑧ 過剰債務に陥った国のほとんどは，最終的にはデフォルトする。

これらに対して理屈なしに賛同するわけではないが，どれもなるほどと思わせる記述である。日本が危機的状況であるにもかかわらず，大きな懸念が起きていないのは，日銀保有分も含め，国債の国内消化率が高い④の状況だからであろう。このことは，ほんの少しの安心感を与える。しかし，問題が解決しているわけではない。また，⑦の「八つの戦略」とは，増税，歳出削減，経済成長，低金利，インフレ，戦争，外資導入，デフォルトを挙げ，「これ以外の解決手段はない。」と述べている。日本において，すでにこのいくつかの戦略は試みられているわけで，残りの手段はと考えると，いつの将来かは分からないが，最悪シナリオが起こる可能性も否定できない。

またアタリ氏は，2017年出版の書籍『2030年ジャック・アタリの未来予測』（プレジデント社）の中で，経済と金融の世界的危機を引き起こす６つの火種として，"国の巨額債務バブルの崩壊，巨額の債務は維持できず金利と物価は急上昇。特に日本が抱えるリスクは著しく高い。"と警告する。

第１章　財産を減らさないための分散管理ポイント　37

19 "自分の資産は自分で管理する" ポイント

■ ポイント

1 資産運用の原理原則を忘れない
2 Plan・Do・See（計画・実行・評価）の繰り返し

■ 解 説

1 資産運用の原理原則を忘れない

日本では金融の知識を学ぶ機会は多くなく，金融リテラシーが1つの課題となっている。とは言っても，複雑で難しい商品について理解したり，株価予想をすることは必ずしも必要ではない。儲け方や稼ぎ方といった書籍は乱立しているものの，資産運用の原理原則を体系的に語っている書籍は少ない。資産運用の原理原則は"分散"である。"自分の資産は自分で管理する"ために，本書で取り上げた原理原則を正しく理解してほしい。資産運用の原理原則は"分散"である。本当に分散になっているかを正しく理解し，異なる動きをするものへ分散し，リスクを抑制することである。

2 Plan・Do・See（計画・実行・評価）の繰り返し

自分の資産は自分で管理する1つのプロセスとして，プロの運用でも利用している，Plan・Do・See 一連のプロセスを継続することが有効となろう。

(1) Plan（計画）

自分の財産を管理するための長期的な基本方針を作成する。基本方針はいったん決定すれば，理想的には5年10年変更する必要がないものである。

まずは，現状把握（保有する資産，個人用か事業用か，資産の種類，およその時価，全体の合計額と各資産の比率など）と将来の資金計画（収入と出費の予想）から始める。その上で，正しく分散されているか，想定されるリスクへの備えは十分かを押さえてみよう。最適な資産配分は人によって異なり，現在保有する不動産比率等によっても違ってくる。あるいは，事業経営者であれば，

事業リスクとの兼ね合いも重要である。長期的視点に立って，自分に合った最適な資産配分を決定してみよう。20でも示すがこれが基本的な資産配分比率となる。

その次のステップは，その資産配分を実現するための具体的な銘柄や商品の選択である。各資産内は，最も退屈でシンプルな運用をお勧めする。8 "インデックス運用はアクティブ運用を上回る" ことを思い出してほしい。すなわち，各資産の大部分をインデックス運用とし，コストが安い ETF を利用し，持ち切ることを前提にする。

(2) Do（実行）

売買の繰り返しではなく，原則長期間の持ち切りであるが，売買の実行時にはコスト（手数料）に要注意である。また新規での購入や大量の入れ替えの場合は，時間分散での実施も選択肢である。

(3) See（評価・チェック）

定期的に（3 か月から 1 年に 1 度）資産状況，資産配分比率（各資産の時価と全体の中での比率），投資環境，見直しの必要性を確認する。資産配分比率が，Plan で設定した基本方針から大きくかい離しているようであれば，多すぎる資産を売却し少ない資産を購入する Do のプロセスに戻る。

基本方針策定時に想定していなかった新たな資金ニーズはないかなど，見直しの必要性をチェックし，必要があれば基本のプランに戻り，調整を行う。

また，正しく分散され，リスクへの備えは十分か，気付いてないリスクはないか，万が一の場合の損失・常態の確認を怠らないことが必要である。

これが Plan・Do・See 一連のプロセスである。

金融機関の勧めどおりに最新の投信を購入する人も多いことだろう。なかには面白い投信もあるかもしれない。しかし，このように Plan・Do・See という大枠の道筋が立ててあれば，自分が現在必要としているものかどうか判断することは比較的容易であろう。金融機関からの商品の売り込みは 1 つの情報として受け止め，自分の運用方針に合っているかをチェックした上で行動しよう。今ではインターネットを利用して，ETF 等の情報を簡単に手に入れることができる。

法律・税務に関しては，次章以降を参考とし，必要に応じて専門家に相談するのが良いであろう。

第 1 章　財産を減らさないための分散管理ポイント　　39

20 ケーススタディのポイント

■ ポイント

1 資産配分の目安
2 各資産は市場連動型の ETF を中心

■ 解　説

1 資産配分の目安

　図表は，GPIF 及び企業年金連合会の各ホームページからの情報である。基本ポートフォリオとか政策アセットミックスと，呼び名は各様だが概念は同じで，長期的に目標とする資産配分比率である。GPIF は 4 資産の配分比率の中心値とカッコ内はその許容範囲である。連合会は，積立水準ごとに政策アセットミックスを設け，積立水準が高いとリスク資産の比率が小さくなっているが，充分に積立されていれば，大きなリスクを取らずに目標リターンが低くて良いからである。内外債券，内外株式との括りになっているが，その内訳から，50：50の場合は，国内債券40％，国内株式17％，外国株式33％，外国債券10％となる。GPIF と比較すると，どちらも内外債券50％，内外株式50％で同じ配分を長期目標としている。また，企業連金連合会は外国株式を多く，GPIF では外国債券が多い配分となっている。

GPIF の基本ポートフォリオ

	基本ポートフォリオ
国内債券	35％（±10％）
国内株式	25％（± 9 ％）
外国株式	25％（± 8 ％）
外国債券	15％（± 4 ％）

企業年金連合会の政策アセットミックス

積立水準	～105％	～110％	110％～
内外債券 （内80％，外20％）	50％	55％	60％
内外株式 （内34％，外66％）	50％	45％	40％

　最適な資産配分は年齢，収入，保有する財産，不動産，今後の予定等人によって条件は様々であるが，このような内外債券50％，内外株式50％という資産

配分は参考になろう。個人の場合，不動産を保有する
ケースも多いが，金融資産だけの配分としては，株式
に50％を配分し，残りを，現預金，金，内外債券に配
分する，例えば右のような資産比率がひとつの例とな
るであろう。また，居住用以外の投資用不動産を資産
内に組み入れるのであれば，投資用不動産比率は全資
産の20 - 30％程度が1つの目安であろう。

現預金	10%
金	10%
国内債券	20%
外国債券	10%
国内株式	25%
外国株式	25%

2　各資産は市場連動型の ETF を中心

各資産内は，最もシンプルであるが理にかなう運用をお勧めする。すなわち，
市場連動型の ETF を購入し長期保有することである。

国内株式はトピックス ETF か日経インデックス ETF を中心に据える。
100％でもいいが，例えば，80％を市場連動型として，残り20％は自分で定め
る自由な部分を設けるのも良いだろう。例えば，好きな業種の業種別 ETF，好
きなテーマの各種銘柄，株主優待が欲しい人は優待重視銘柄とかで構成する遊
びの部分である。

外国株式については，先進国の株式に分散して投資をする市場連動型 ETF
が東京証券取引所に上場しているので，これを活用することができる。例えば，
MSCI-KOKUSAI（日本を除く先進国の株式市場全体を表す代表的な指数であ
る。）を指標とする ETF としては，三菱 UFJ 国際投信の MXS 外株（1550），日
興アセットマネジメントの上場 MS 世（1554），野村アセットマネジメントの
外国株式ヘッジなし（2513）である。これらの名称は様々であるが，すべて似
た運用を行っている ETF である。また手数料も，信託報酬が0.17％～0.25％，
信託財産留保額が0.05％～0.30％と妥当な水準である。

また，外国債券に分散して投資をする ETF も近年新たに設定されており，
このような運用手段が増えることは喜ばしいことである。外国債券への投資は
為替をヘッジするかしないかでリスク水準が大きく異なる。通貨分散を意図と
すれば，為替ヘッジなしを選択しよう。

第1章　財産を減らさないための分散管理ポイント　41

第2章

分散管理の法務ポイント
（国際相続―海外資産の出口戦略）

21 分散管理において留意すべき法務的なポイント

■ ポイント

1 海外に資産を保有する際の留意点
2 海外の資産を維持する上での留意点
3 海外から資産を引き上げる際の留意点
4 海外に資産がある状態で相続が発生する国際相続リスク

■ 解 説

　前章において，資産運用の大原則が分散であること，その意義が，資産の種類だけでなく，資産が所在する国，通貨，取得及び処分のタイミング等，様々な要素を分散することにあることを理解した。もっとも，現在の日本は，少子超高齢化が劇的に進み，低金利で，個人課税が増加傾向にあること，自然災害リスクもあること，さらに過剰債務による深刻な財政悪化が海外からも指摘されていることからも，魅力的な投資対象国とは言い難い。このような中，円高を背景にして，米国・EU諸国だけでなく，アジア，特に香港やシンガポール等に，投資をする動きも一部の富裕層に見られる。

　しかしながら，海外に資産を保有する場合に忘れてはならないのが，前章15 1で挙げた為替リスク，通貨リスク，カントリーリスク等のほか，国際相続リスクである。本章においては，資産分散管理の中でも，海外に資産を保有することによる法務的なリスクを概観した上で，特に重要な国際相続リスクを中心に検討する。

1 海外に資産を保有する際の留意点

　海外に資産を保有する際に，その資産の種類がどのようなものであるか理解することは不可欠である。最近，飛び込みのご相談で目立つのが，タイムシェアというリゾート施設の権利に関するものである。

　タイムシェアは，米国のフロリダ州，ハワイ州等で多く販売されている権利で，日本のリゾート会員権に類似している。日本のリゾート会員権が，施設を一定期間利用できる契約上の使用権であることが多いのに対し，タイムシェア

は，deeded timeshare という制限付きの不動産所有権型タイプも多い。

不動産である以上，固定資産税も課税され，登記もされる。また，相続が発生した場合，後述のプロベートが必要となる可能性が高い。しかしながら，不動産所有権型のタイムシェアを購入された方々は，不動産を購入した自覚がないことがほとんどで，そのような方々は，事実を認識して驚き，大半がクーリング・オフによる解約を希望される。筆者は，タイムシェアを購入することが問題といっているわけではない（現にタイムシェアを購入し有効活用されている方々はたくさんいる）。資産の性質も理解しないまま，海外の資産を安易に購入してしまうことが問題なのである。

2　海外の資産を維持する上での留意点

海外の資産を維持する上で留意すべきことは，納税義務と，その財産を維持する管理コストである。柔軟な資産管理が可能となることから，オフショア信託を利用する方も多い。もっとも，プライベートバンクが関与している場合，この管理コストは，毎年かなりの金額となることに留意が必要である。

長期間，海外資産を維持する場合，特に所有者が高齢である場合は，認知症・脳梗塞等による判断能力の喪失リスクも考慮する必要がある。判断能力を喪失した場合，法律行為が行えず，海外資産が事実上凍結されるからである。

3　海外の資産を引き上げる際の留意点

海外資産を処分して引き上げる際，その資産を処分したことで収益が上がれば税務上の問題が生じる。さらに，永住権を保有して当該外国で居住している日本人が，永住権を放棄して日本に移住する場合は，出国税（例：米国のexpatriation tax 等）が課税されるリスクもある。

4　海外に資産がある状態で相続が発生するリスク

海外に資産を保有する場面ごとの留意点を概観したが，海外に資産を保有する上で，最も法務的に留意したいのは，国際相続リスクである。人間である以上，資産を保有している間に万が一のことが起こる可能性は否定できない。海外に資産を保有する場合，この国際相続リスクは，手続的にも費用的にも大きなインパクトがあるが，そのリスクまでケアされている方は意外と少ない。以下，国際相続に留意すべき理由と，どのような対策を講ずればよいのか，詳述する。

22 分散管理をする前に知っておこう！
国際相続リスク（実務上の障害）

■ ポイント

1 言語や時差の問題
2 適切な専門家の確保
3 専門家費用・法律費用

■ 解　説

1 言語や時差の問題

　国際相続には，まずコミュニケーションの障害が立ちはだかる。言語や時差の問題である。海外に財産を保有していた者に相続が発生した場合，当該外国の財産を管理していた金融機関，弁護士，税理士又は不動産のエージェント等と連絡を取る必要が生じる。最近は，英語が公用語でない国でも英語の通訳者（時には日本語の通訳者も！）を用意してくれる金融機関も増えているようではある。もっとも，相続，信託，複雑な金融商品，不動産等に関する専門用語を含む難解な内容について理解するのは，外国語での高度なコミュニケーション能力を必要とし，精神的にも負担である。場合によっては，どのような財産があるのかといった初期の段階から，国際相続の専門家に任せた場合の方がスムーズに手続が進むことがあるであろう。

　時差も問題である。米国の金融機関は，相続手続を管理する部門がニューヨーク州に位置していることも多い。カスタマーサービスが充実している場合は，日本の営業時間に合わせて対応してくれるが，現地の営業時間にこだわる金融機関等は，連絡にさえ苦慮することがある。UAE 等の中東諸国の財産を保有する相続案件を担当した際，現地の金融機関・法律事務所が金曜日・土曜日が定休であることを知らず，不必要に手続が遅れ，依頼者にご迷惑をかけてしまった苦い経験もある。

2　適切な専門家の確保

　国際相続事件となった場合，国際相続を適切に扱うことができる専門家を見つけるのが意外と困難なことも，事実上のハードルといえる。国際相続事件は，関係各国の法制・税制に配慮しながら，慎重かつ迅速に手続を進める能力が必要であるからである。日本に所在する財産について，問題なく相続手続を終了することができたとしても，海外に財産がある場合，現地での相続手続がないがしろになっていたのでは，事件が終了したとはいえないのである。したがって，国際相続事件を担当可能な専門家とは，国際相続事件の経験が豊富で，関係各国の法律・税務・不動産の専門家及び金融機関との関係を構築できるネットワークを有しており，かつ効率よく事案を進めていくことができるコミュニケーション能力を有している必要がある。

　最初に委任した専門家が，国際相続事件特有の問題に配慮をせずに事案を進めてしまったがために，適用すべき相続法を誤った結果，特定した相続人自体が間違っていたり，外国の資産が相続財産から除外されてしまっていたといった問題事案を，これまでにも多く担当したが，そのたびに適切な専門家選びの重要性と，専門家の自己研さんの必要性を痛感している。

3　専門家費用・法律費用

　国際相続事件の特徴として，法律費用が高額になる可能性も認識しておく必要がある。クロスボーダーに資産を保有する場合，居住地国のみならず財産所在地国での相続手続・税務手続が必要になる可能性があるからである。

　外国の専門家の報酬はタイムチャージ制で請求される場合が多い。国際相続事件は，外国の専門家にとっても，複雑で時間を要することが多く，純粋な国内事件と比較してもその報酬は高額化することが多い。

　特に，保有外国資産が，後述のプロベート手続の対象となる場合は，裁判上の手続となるため，費用は一段と高額化する。

　国際相続事件を処理するにあたっては，これらの報酬の高額化を覚悟しなくてはならない。

23 分散管理をする前に知っておこう！
　　　国際相続リスク（法律上の障害）

■ ポイント

1　外国法の調査・解釈の必要性
2　各国特有の手続・制度
3　一番の障害は，世界の相続制度が大きく異なること

■ 解　説

　国際相続における法律上の障害について検討する。

1　外国法の調査・解釈の必要性

　まずは，純粋な日本の国内相続事件のように，日本法のみが登場するのではなく，外国法の登場回数が高く，外国法の調査・解釈が必要であるということである。国際相続事件が問題となった場所が日本であっても，同事件に何法が適用されるかは，後述のとおり，日本の国際私法である「法の適用に関する通則法」によって決められることになる。この相続に適用される準拠法が外国法となれば，日本においても，当該外国法に従って判断されることになるので，その外国法の調査が必要になるのである。

　インターネットが発達しているといえども，適用される有効な外国法文を入手するのは意外と困難である（法令が当該外国でタイムリーに update されているとは限らない）。さらに，外国の法令である以上，日本にはない法律概念も多く，法令の法律解釈も不可欠である。したがって，その現地の弁護士等の専門家の支援は不可避である。

2　各国特有の手続・制度

　国際相続事件の法律上の障害として，日本と外国の法制度が異なることによる問題が生じる場合がある。すなわち，日本では準備できない公的書類・手続を，外国の相続手続のために要請されたり，反対に，日本の相続手続に必要な

公的書類が外国で準備できない場合である。

　例えば，米国の金融機関に預金口座や有価証券の相続手続を依頼する場合，米国のプロベート手続に倣い，裁判所による人格代表者の任命書等の米国裁判上の書類を求められることがある。現地のプロベートが必要な場合は，プロベート手続を履践した上で同書類を提出すればよいが，プロベート対象財産がない場合は，金融機関が納得する書類を集めて交渉しなければならない。

　反対に，分散管理の極端な事例として，日本人が海外に移住した場合や，国籍を変更した場合等において，日本の資産について相続が生じた場合，住民票・印鑑登録証明書又は戸籍謄本を要請されるが，これらが準備できない場合もある。この場合は，代替書類を準備することになる。例えば，日本国籍保持者が外国に居住する場合は，住民票や印鑑登録証明書の代わりとして在外公館で在留証明やサイン証明を取得する。一方，戸籍謄本に代わるものとは，出生証明書・結婚証明書・死亡証明書等の公的証明書を日本語に翻訳した上で，必要な証明事項は，宣誓供述書という方式にして提出する。

3　一番の障害は，世界の相続制度が大きく異なること

　もっとも，国際相続事件が複雑になってしまう根本の問題は，世界的に相続制度が法体系として，手続的にも実体的にも，大きく二分されていることに起因する。以下，世界の相続制度について，詳述する。

24 こんなに違う！　世界の相続制度
―国際私法の対立

■ ポイント

1　相続統一主義と相続分割主義
2　遺言による準拠法の指定
3　反致（はんち）という罠

■ 解　説

　相続財産の中に海外の財産が含まれる等，日本だけではなく複数の法域に関連する事件を，国際相続事件という。このような国際相続事件は，日本の法令・実務だけでは解決できない。そこで，国際相続事件の処理にあたっては，まず，当該国際相続事件において何法を適用するのか（このような国際事件に適用される法律を「準拠法（じゅんきょほう）」という）―準拠法を決定することが事案の処理の出発点となる。

　この準拠法について定めた法律を，専門用語で，「国際私法」という。国際私法は，各国の国内法として整備されている。この相続をめぐる国際私法の法制が，世界的に，相続統一主義と相続分割主義に二分されていることが，国際相続事件を複雑にしている根本的な原因の1つといえる。

1　相続統一主義と相続分割主義

　相続統一主義とは，国際相続事件に適用する準拠法を決定するにあたり，相続財産の種類によって準拠法を区別することなく，被相続人の国籍や住所等の法律によることとし，相続関係を一体的に規律する考え方である。日本の国際私法である法の適用に関する通則法（以下，「通則法」）は，「相続は，被相続人の本国法による」（法36条）と定め，日本は，相続の準拠法を決めるにあたり，相続財産の種類によって準拠法を区別しない相続統一主義を採用している。相続統一主義を採用する国としては，日本のほか，後述 Brussels Ⅳ適用後の EU 加盟国（イギリス，アイルランド，デンマークを除く）等がある。

　相続分割主義とは，準拠法を決定するにあたり，不動産と動産を区別する考え方である。すなわち，不動産については不動産の所在地法を，動産について

50

は，被相続人の本国法，住所地法又はドミサイル法等をそれぞれ適用する。相続分割主義を採用する国としては，アメリカやイギリス等の英米法系諸国のほか，後述の Brussels Ⅳ 適用前のフランス等がある。

2 遺言による準拠法の選択

　日本の通則法では，被相続人による準拠法の選択を認めてはいないが，諸外国には，遺言書による被相続人による準拠法の選択を認めている国・地域（韓国，ハワイ州，NY 州等）がある。また，かつては EU 圏内での国際私法上の対立に悩まされていた EU 加盟国も，2015年 8 月17日をもって施行された EU の相続に関する新規則（以下，「Brussels Ⅳ」という）によって，EU 加盟国圏内（ただし，イギリス，アイルランド，デンマークを除く）の相続に関する国際私法を統一し，EU 加盟国圏内に所在する財産を保有する人の相続について，遺言書による準拠法選択が認められているようになったことに注意が必要である。

3 反致（はんち）という罠

　被相続人が，外国人（生来外国人である場合は当然であるが，生来日本人であったものの，国際結婚等を機に，外国人に帰化した者等も含む）の場合は，準拠法の決定にさらなる留意が必要である。

　日本は，通則法にて，被相続人の本国法が相続の準拠法となるので，被相続人が外国人の場合は，その外国人が国籍を有する国の法律が準拠法となるのが原則である。もっとも，被相続人の本国の国際私法が，日本法の適用を命ずる場合は，反致（はんち）されて，日本法が準拠法となるのである（法41条）。したがって，被相続人の本国法が相続分割主義を採用しており，日本に不動産がある場合や，被相続人の本国法の国際私法が準拠法として被相続人のドミサイル（ドミサイルは住所や居所とは異なる法律概念で，当該本国法の定義による必要がある）のある地の法を指定し，かつ被相続人のドミサイルが日本にある場合は，反致されて，被相続人が外国人であっても準拠法が日本法となる。

　テクニカルな話であるが，専門家でも反致の問題を見落とし，適用する準拠法自体を間違えていることを見かけることがある。結果的に適用される準拠法は日本法となるが，その結論に至るまでに，本国法となる外国の国際私法や，外国法上の，国籍・ドミサイル等の定義を検討する必要があるので，準拠法の決定まで相当の手間も必要である。しかも，適用準拠法の誤りは，結果が大きく異なる場合があるので，深刻といえる。

第 2 章　分散管理の法務ポイント（国際相続—海外資産の出口戦略）　　51

25 こんなに違う！ 世界の相続制度
　　　　—実体法の対立

■ ポイント

1　包括承継主義
2　管理清算主義

■ 解　説

　相続自体を規律している実体法上も，世界的に包括承継主義と管理清算主義に二分されていることが，国際相続事件を一層複雑にしている。

1　包括承継主義

　包括承継主義とは，相続開始の時点で，被相続人の権利（預金，現金，不動産，金融商品等の積極財産）のみならず，債務（生前中の公租公課，未払債務等の消極財産）を，裁判所の関与なくして，相続人が直接承継する制度をいう。日本のほか，ドイツ・イタリア・フランス等の大陸法の国々，さらに米国のルイジアナ州では，この包括承継主義を採用している。日本の相続の放棄，限定承認といった考え方は，このように消極財産も直接承継するからこその概念である。

2　管理清算主義

　管理清算主義とは，相続開始後，被相続人の財産はすべていったん遺産財団（estate）に移転し，裁判所の管理の下，被相続人に関係する債権・債務を管理・清算し，積極財産が残ったときに初めて相続人等に財産分配することができるという制度である。この裁判所の管理下にある管理・清算手続を，プロベート（probate）という。英米法系諸国（米国，英国，香港，シンガポール，オーストラリア，ニュージーランド，カナダ等）では，この管理清算主義を採用している。

　海外に資産を保有する場合の相続対策として，特に留意が必要なのが，この

プロベートという日本にはない手続である。プロベートは，一般的に「検認」と訳される。しかしながら，このプロベートは，遺言書の証拠保全手続に過ぎない日本の検認制度とは全く異なることに注意が必要である。

以下は，米国の一般的なプロベートの手続である。米国は連邦制で，相続については適用される法律が州ごとに異なることに注意が必要である。

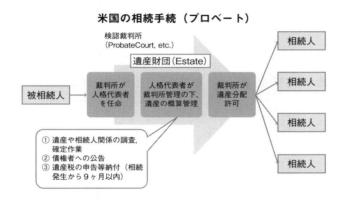

相続が開始すると，被相続人の相続財産は，遺産財団（estate）に帰属する。相続人等は，管轄の裁判所に検認の申立てを行い，裁判所から任命された人格代表者（personal representative）が，estateの管理・清算を行うこととなる。

プロベートでは，遺言書の有効性の確認，相続人・相続財産の特定，債権者への公告や債務の確定，相続に関係する税金の支払い（遺産税等），その後残った積極財産の相続人を含む受益者への支払いが行われる。

26 プロベートっていったい何がそんなに大変なの？

■ ポイント

1　時間がかかる
2　費用が高額化する
3　プライバシーが確保できない
4　財産の利用・処分が制限される
5　財産が複数の国・地域にまたがる場合，事態は一層複雑に

■ 解　説

　アメリカ，カナダ，オーストラリア，香港等の英米法系諸国に財産を保有する場合，その財産がプロベートの対象財産となる可能性が高いことを認識し，そのための対策を講じることが重要である。何ら事前の手立てをすることなく，相続が生じた場合，残された家族が，プロベートによって想像以上の苦労をされるケースがよくあるからである。なぜ，プロベートは，そんなに大変なのか。

1　時間がかかる

　まず，プロベートとは想像以上に時間がかかる。米国の場合，正式なもので，1年から3年といわれている。しかしながら，被相続人が日本人という米国のプロベート裁判所にとって外国の要素を含む国際相続事件の場合，筆者の経験からすると，財産が少ない場合に適用される簡易なものでも1年，正式なものでも，3年があっという間に過ぎてしまうことも珍しくない。例えば，1962年に死亡したマリリン・モンローのプロベートは，2001年にようやく完了した。これは，マリリンの莫大な遺産に加えて，将来的にもかなりの収益を生む著作権の帰趨をめぐる紛争があり，法廷闘争が激化したことに基づくが，プロベートに約40年もの年月を費消したのである。プロベートとなれば長丁場になることを覚悟しなければならない。その間に起こる様々な事象（新たな相続が生じる可能性）もリスクとして認識することが必要である。

2　費用が高額化する

　時間がかかるということは，法律費用が高額化するということである。プロ

ベートに関する業務を受任する弁護士の報酬が法定されている州もあるが，ほとんどの場合はタイムチャージで請求されることになるからである。

　被相続人及び相続人の居住地によってはプロベートにかかる被相続人の外国資産は，日本の相続手続の対象ともなるため，特に税務面で日本との調整が必要となる。この場合専門家の報酬は，資産のある外国のみならず日本と双方でかかることになる。海外の法律・税務問題を円滑・適切に処理することができる専門家を探すのも難しいことにも留意が必要である。

3　プライバシーが確保できない

　プロベートの手続は，一般的に公開され，プライバシーが確保されない。これも日本の検認審判とは異なる点である。エルビス・プレスリー，マリリン・モンロー，最近ではマイケル・ジャクソンの遺言書がインターネット等で入手できるのは，そのためである。財産情報も公開されるため，悪用される可能性もあり，情報セキュリティリスクが懸念される。米国は，このような公開情報が利用されたことによる詐欺被害が多い。

4　財産の利用・処分が制限される

　プロベートが厄介なのは，その間，相続人が財産の利用・処分を制限されることである。包括承継主義と異なり，遺産の所有権は，被相続人から相続人等に直接移転するわけではなく，一旦遺産財団（estate）に帰属し，裁判所の管理下におかれるためである。

　日本における相続税の原資となる資産が，プロベートの対象となっている資産しかない場合等は，相続税の支払のために同資産を利用・処分する必要がある。この場合は，裁判所の許可を得る必要があるため，そのための時間も視野に入れて準備を進める必要がある。

5　財産が複数の国・地域にまたがる場合，事態は一層複雑に

　不動産等を含む資産が英米法系諸国の複数の地域にまたがって存する場合は，各地域ごとにプロベートの手続が必要な可能性が高い。米国のプロベート管轄は，ドミサイルのある本拠地でメインのプロベートを行って，不動産等のある財産所在地で付随的なプロベート（ancillary probate）を行うことが一般的であるが，被相続人が日本居住者の場合，ドミサイルがないことが通常であるので，管轄という点から米国の国際相続事件に精通する弁護士に相談することをお勧めする。

第2章　分散管理の法務ポイント（国際相続―海外資産の出口戦略）　　55

27 プロベートを回避・プロベートの負担を軽減化するための方策

■ ポイント

1 プロベートの対象とならない少額資産しか保有しない
2 法人名義での所有
3 財産の共有名義化
4 受取人指定
5 信託利用

■ 解　説

　裁判手続に巻き込まれるというのは，精神的にも費用的にも負担となる。外国の裁判手続となれば，なおさらである。法律費用も想像以上に高い（したがって，遺産額によっては（500万円以上であっても）費用倒れとなるため，あきらめることを選択する相続人もいる）。資産の分散管理をするのはよいが，費用倒れとなっては元も子もない。プロベート対策が必要となる。

1　プロベートの対象とならない少額資産しか保有しない

　法律で一定額以下の財産について，プロベートを経ずに相続手続を行うことが認められている場合がある（不動産は一般的にプロベートの対象となるが，少額なものについては簡易なプロベートや，プロベートを経ずに宣誓供述書等で代替できる場合もある）。したがって，プロベートの対象とならない少額資産しか保有しないという選択肢もある。もっとも，この方法は，多額の資産を英米法系諸国に分散したい方にとっては，無意味である。

2　法人名義での所有

　プロベートは，個人の死亡に伴う相続に関する手続である。法人名義で財産を保有すれば，当該法人の株・持分権者であるオーナーが死亡しても，法人が消滅するわけではないので，法人が保有する財産はプロベートの対象とならな

い。したがって，例えば日本法人で当該外国資産を保有することも，プロベート回避の１つの方策といえる。もっとも，個人が所有する資産を法人に移転する場合は，思わぬ税金がかかる場合もあるため，税務上のチェックは必要となる。

3　財産の共有名義化

外国には，生存権者受取権（right of survivorship）付の共有名義化をすることで，相続開始後，プロベートを経ずに，一方生存共有者に共有持分を承継することが可能な共有形態がある。ジョイント・テナンシー（joint tenancy with right of survivorship），夫婦合有制（tenancy by the entirety）といわれる共有形態がそれであり，主に夫婦間のプロベート回避対策として利用される場合が多い。外国の共有形態は，**28**のとおり，多くの種類がある。もっとも，共有者の一方のみが資金を拠出する場合，かかる共有名義化が贈与とみなされリスクもある。したがって，共有名義化するにあたっては，専門家への事前相談をお勧めする。

4　受取人指定

死亡時の受取人を指定することができる預金口座・証券口座等を利用することで，プロベートを回避することも可能である。POD口座（payable-on-death account），TOD口座（transfer-on-death account）と呼ばれるもので，日本にはない制度である。もっとも，これらの口座が非居住者にも利用可能かは，各金融機関等への事前相談が必要となる。生命保険で受取人を指定した場合も，当該生命保険金は，プロベートの対象とはならないため，プロベート回避が可能である。

5　信託利用

信託を設定すると，信託財産の所有権は委託者から受託者に移転するため，委託者が死亡しても，信託財産はプロベートの対象とならない。そこで，プロベートのある英米法系諸国では，プロベート回避の手段としても生前信託が利用されている。もっとも，生前信託は，信託設定時に思わぬ課税のリスクもあることから，事前に専門家への相談が必要である。

第２章　分散管理の法務ポイント（国際相続—海外資産の出口戦略）　57

28 こんなに違う！―不動産の共有形態

■ ポイント

1　ジョイント・テナンシー（joint tenancy）
2　夫婦合有制（tenancy by the entirety）
3　コミュニティ・プロパティ（community property）
4　テナンシー・イン・コモン（tenancy in common）
5　共有形態にする場合は，日本の課税に要注意

■ 解　説

　不動産の所有形態をみても，海外には日本とは異なるものが多くある。特に顕著なのは，1つの物に特殊な所有権が複数成立する共有である。米国では，多くの共有形態があるが，配偶者の権利保護が強いのが1つの特徴である。したがって，米国で不動産を購入する場合，夫婦共有で財産を保有することを勧められる場合も多い。一方で，共有にあたっては，日本の課税上のリスクがあることに留意しなくてはならない。なお，下記の共有形態は，種類・州によっては，不動産・動産の双方に適用されるが，詳細は，現地の専門家に問い合わせることが必要である。

1　ジョイント・テナンシー（joint tenancy）

　共有者の1人が死亡した場合，その者の権利が生存共有者に自動的に移転する生存者受取権（right of survivorship）が付与されている共有形態である。プロベートが回避できることから，プロベート対策に利用されることも多い。ジョイント・テナンシーの共有者は，他の共有者の同意なしに自分の持分を第三者に譲渡することが可能である。この場合，持分を譲り受けた第三者と残りの共有者の関係は生存者受取権が付与されていない共有形態のテナンシー・イン・コモン（後述）に変更する。

2 夫婦合有制 (tenancy by the entirety)

米国の州によっては，夫婦間のみに認められている共有形態として夫婦合有制もある。この夫婦合有制は，生存者受取権が付いている点でジョイント・テナンシーと同様である。配偶者が死亡しても，同財産は，プロベートの対象財産とはならない。したがって，米国の夫婦の自宅については，ジョイント・テナンシーか，夫婦合有制の形態で保有されることが多い。夫婦合有制は，ジョイント・テナンシーと異なり持分の自由な処分ができないことが特徴である。夫婦合有制を採用している州としては，ハワイ州，ニューヨーク州，フロリダ州，テネシー州等がある。

3 コミュニティ・プロパティ (community property)

コミュニティ・プロパティとは，夫婦の一方が婚姻期間中に取得した財産は，契約書で別途定めない限り，相続又は贈与等で個別に取得したものを除き，自動的に夫婦がそれぞれ1/2ずつ財産を所有するとみなす制度である。したがって，一方配偶者が，遺言書で処分できるのも，コミュニティ・プロパティについては，婚姻財産の1/2であることが原則である。コミュニティ・プロパティ制を採用している州は，カリフォルニア州，テキサス州，ワシントン州等がある。

コミュニティ・プロパティ制を採用する州においては，配偶者が，婚姻財産の1/2の権利を保有することが原則となり，配偶者が非常に強い権利を有することになる。結婚前に，夫婦の離婚時・死亡時の財産関係について別途契約で定める婚前契約 (prenup agreement とか prenuptial agreement 等という) が多いことも，コミュニティ・プロパティ制が一因となっているように思う。

4 テナンシー・イン・コモン (tenancy in common)

テナンシー・イン・コモンは，日本の共有と類似する制度である。ジョイント・テナンシー，夫婦合有制と異なり，生存者受取権は付着していないため，共有者の1人が死亡した場合，持分は，共有者ではなく死亡した者の相続人に相続され，プロベートの対象となる。

5 共有形態にする場合は，日本の課税に要注意

　生存者受取権が付着したジョイント・テナンシーや夫婦合有制であれば，共有者の一方が死亡した場合であってもプロベートが必要ない。したがって，外国の現地の不動産業者や現地のクロスボーダーの案件に慣れていない専門家は，配偶者がいれば，これらの共有形態を相続対策として勧めてくるであろう。

　しかしながら，財産の共有名義化にあたっては，共有名義化する時点で少なくとも日本においては課税のリスクが生じ，場合によっては当該外国でも課税のリスクがあることに注意する必要がある。一方共有者のみが資金を出している場合は，他方当事者が対価を払うことなくそのような共有持分権を取得したとして，贈与とみなされる可能性があるからである。現地の業者のアドバイスだけでなく，財産取得前に居住地である日本の専門家に相談する必要がある。

29 こんなに違う！―所有権形態

■ ポイント

1　ジョイント・アカウント（joint account）
2　PODアカウント（payable-on-death account）
3　TODアカウント（transfer-on-death account）
4　TOD証書（transfer-on-death deed）

■ 解　説

　本問では，28で挙げた以外の，日本では見慣れない米国の所有権形態の代表例４つを紹介する。外国で資産を保有する場合，所有権形態も日本とだいぶ異なることから，その所有権形態，財産を保有することによる課税問題及び処分時の課税問題を，事前に専門家に確認することは必要である。もっとも，これ以外に，日本では見慣れない所有権形態は非常に多い。また，不動産の取引形態も日本とはだいぶ異なる。日本人による投資が多い地域では，日本語の堪能な業者も多いが，納得する説明が得られない場合は，費用がかかっても信頼できる自身の専門家に確認することをお勧めする。

1　ジョイント・アカウント（joint account）

　ジョイント・アカウントとは，銀行等，金融機関の共有名義預金口座である。日本では，単独名義が原則だが，海外ではこのような共有名義口座が選べる場合があり，夫婦間で利用されることが多い。

　口座名義人であれば，口座の資金が下ろすことが可能である。共有者の１人が死亡した場合，ジョイント・アカウントには，一般的に生存者受取権が付着しているので，預金残高は，プロベートを経ることなく，自動的に生存共有者に帰属する。もっとも，生存者受取権の有無については，約款を確認する必要がある。

　なお，ジョイント・アカウントについては，預金の資金すべてを共有名義人

第２章　分散管理の法務ポイント（国際相続―海外資産の出口戦略）　　61

の一方が拠出していたとしても，口座開設時には，贈与税が課税されないといわれている。これは，いつでも口座名義人は，全額の引き出しが可能であるからであろう。もっとも，自分が拠出した額以上の金額を引き出した場合は，課税の問題が生じる可能性がある。

2 POD アカウント (payable-on-death account)

POD アカウントとは，銀行等の預金口座の名義人が，自分が死亡時の預金受取人を指定するものである。このように死亡時預金受取人を指定しておくと，預金口座名義人が死亡し，相続が開始しても，同口座の預金はプロベートの対象とならない。

1のジョイント・アカウントは，口座名義人であれば，誰でも預金を下ろすことができることがメリットであるが，名義人とした者に，口座の資金を使われてしまうリスクがある。一方，POD アカウントは，名義人の生存中は，指定受取人は権利がないため，エステート・プランニングとしてよく利用される金融商品といえる。

3 TOD アカウント (transfer-on-death account)

TOD アカウントとは，株式・債券等の金融商品の証券口座の名義人が，死亡時の口座の承継者を指定することで，プロベートを経ることなく，口座の引継を行うことができる形態の証券口座である。プロベートは時間がかかるが，価値の変動が激しい株式等の場合，財産処分がプロベートにより制限されることは，時に致命的である。したがって，プロベートを経ることなく口座承継ができる TOD アカウントのメリットは大きい。

一方，証券会社によっては，非居住外国人が口座所有者や受取人の場合，TOD アカウントの設定を認めない場合もある。TOD アカウントの設定については，事前に各証券会社によく確認する必要がある。

4 TOD 証書 (transfer-on-death deed)

米国には，不動産にも，所有者が死亡時の受取人を指定することで，プロベートを経ずに，所有権を移転できる所有権形態がある。TOD 証書 (transfer-on-death deed) である。米国のかなりの州で，この TOD 証書による不動産所有

を認めているが，対象不動産や手続は，州によって異なるので，不動産所在地の専門家に相談することが必要となる。ハワイ州等のコンドミニアムを購入される方は，子・孫等に同不動産を遺したいと思われる方も少なくない。遺言を書いても，プロベートの手続は必要となるが，このTOD証書によれば，そもそもプロベートの手続は不要で，所有権の移転手続が可能である。

30 こんなに違う！―相続における配偶者と子の権利

■ ポイント

1　遺言の自由とその制限―遺留分
2　英米法系諸国の配偶者の権利
3　英米法系諸国の子の権利
4　被相続人が日本人の場合，遺留分の回避が可能か

■ 解　説

　米国の相続の教科書の1頁目に，英米法の大原則として，「freedom of disposition（財産処分の自由）」があり，その結果，相続法においては，「dead hand control（死者による支配）」が基本原則であることが記されている。つまり，米国のような英米法系諸国においては，「遺言の自由」が基本である。一方，日本のような大陸法系諸国では，遺留分制度があり，遺言の自由が制限される。遺言の自由と制限は，英米法と大陸法でよく比較されるテーマである。なお，日本では，相続人の全員の同意で，遺言と異なる内容の遺産分割も可能であるが，dead hand control を原則とする英米法系諸国では考えられないことのようだ。外国の財産を保有するにあたっては，この遺言の自由に関する法制度の違いも意識しておくとよい。

1　遺言の自由とその制限―遺留分

　日本では，遺族の生活保障や潜在的持分の清算という機能を相続制度が有しているという考え方から，相続財産の一定割合を一部の相続人に留保するという遺留分制度が設けられている。遺留分権者は，配偶者，子等，兄弟姉妹以外の相続人である。日本のほか，大陸法系諸国やスコットランド等でも，配偶者・子について遺留分が認められている。

2 英米法系諸国の配偶者の権利

米国でも，一般的に配偶者は保護される。コミュニティ・プロパティ制を採用する州では，配偶者は，婚姻中に取得した財産について，一方の単独名義であっても1/2の権利を取得する。他方，コミュニティ・プロパティ制を採用しない州でも，配偶者に elective share（選択持分）という遺留分類似の権利を保障しており，配偶者が死亡した場合，生存配偶者は，遺言に基づく権利を取得するか，遺言を放棄し法定相続分を取得するかという選択権を有している。その他，夫婦間の財産移転・夫婦間の相続では，相当の優遇税制がある等，配偶者には，日本よりも，強い権利を保障しているといえる。

3 英米法系諸国の子の権利

一方，英米法系諸国においては，子には，法的に保障された相続持分というものは一般的にない（米国ルイジアナ州，スコットランド等を除く）。裁判所の決定で，配偶者や被扶養の子に対し，一定期間の間付与される扶養料があるに過ぎない。日本は，遺言が出てくると，まず遺留分の問題を検討することになるが，外国人の依頼者からは，成人している子にも遺留分があることが驚かれることがある。

4 被相続人が日本人の場合，遺留分の回避が可能か

日本人にとって，遺留分は相続対策において，大きな問題である。遺留分請求権の行使には，物権的効力が生じるため，遺留分請求権の行使の結果，遺贈や贈与の目的財産は，受益者と遺留分減殺請求権者との共有関係が生じてしまい，その結果，財産処分や事業承継で，共有関係の解消をめぐる新たな紛争を生じさせるからである。平成30年の相続法の改正で，遺留分請求権の行使による物権的効力は，遺留分侵害額に相当する金銭請求権に改められ，財産処分が著しく制限される共有関係の解消という問題は解決されたものの，同問題が，相続紛争のきっかけとなる点は変わらない。家族のあり方が変わりつつあることを考慮すると，遺留分の存在意義についても今後も検討すべき余地もあるように思われる。

この遺留分については，被相続人が日本人であり，管轄が日本の裁判所にある以上，この問題を回避することは難しい。一方，被相続人も相続人も利害関

係人全員が英米法系諸国に居住している場合は，特に当該外国に所在する財産については，被相続人が日本人であっても「遺留分は免れない」と決めつけるのは尚早である。管轄地が英米法系諸国であれば，英米法が準拠法となる可能性もあるからである。もっとも専門家に相談することは必須である。

31 海外の資産を維持していく上でのポイント
―高齢化社会の問題点

■ ポイント

1　判断能力が低下・喪失することの意味
2　高齢者の財産管理
3　日本の高齢化対策―成年後見制度と民事信託
4　外国の高齢化対策― Power of Attorney と信託

■ 解　説

　海外の資産を保持するにあたり，プロベート等を考慮した相続対策が疎かにされがちであることは，これまでに述べた。しかしながら，相続対策以上に疎かにされているのが，実は，認知症等を含めた高齢者対策である。現在，認知症高齢者の問題は，日本だけではなく，全世界が抱える課題である。もっとも，残念なことに，日本はこれだけ超高齢化が進みながら，国外はもちろんのこと，国内での対策すら不十分である。

1　判断能力が低下・喪失することの意味

　認知症は，一般的に，正常に発達した脳の疾患で，記憶や判断能力等の障害が起こり，普通の社会生活が送れなくなる状態のことをいう。認知症は，最終的には，判断能力が失われる忌まわしい病気である。人生100年時代を迎えたが，その人生の後半にある高齢者の多くが，この認知症に罹患するリスクがある。認知症となった場合，適正な財産管理は自分で行えず，特殊詐欺に遭ったりして，将来に必要な，また次世代に残すべき財産が失われることもある。さらに，認知症患者の資産凍結によるリスクも計り知れない（平成30年8月現在で，認知症患者の資産は200兆円超ともいわれる）。高齢者となったときの資産管理をどのように適正に行うか，それは本人・家族が協力して，家族がいない場合は，本人を社会で支えながら，考えていくべき重要な問題である。

第2章　分散管理の法務ポイント（国際相続―海外資産の出口戦略）　67

2 高齢者の財産管理

高齢者の財産管理は，家族・親族が支援しているのが一般的である。もっとも，それには限界がある。まずは，金融機関との関係である。体が動かなくなった場合は，家族と財産委任契約を締結したり，銀行・証券会社へ代理人届出を提出することで，対応も可能な場合もあるが，高額取引の場合は，本人確認を必要とされることがある。また，認知症となり判断能力がなくなった場合は，銀行等の金融取引を行うことは不可能である。

次は，詐欺等の被害に遭遇するリスクである。判断能力が鈍化している高齢者が多くの詐欺にあっていることは電話詐欺等でも社会問題となっている。高齢者を狙った悪質な詐欺も多く，高齢者が独居している等して家族等の支援がない場合は，このような被害に遭うリスクも高い。

最後は，親族による本人の財産が私物化されるリスクである。同居する親族が認知症となった親の財産を私物化していたとして，特別受益を主張する相続紛争も後を絶たない。

3 日本の高齢化対策─成年後見制度・民事信託

上記の対策として考えられるのが，日本においては，成年後見制度・民事信託である。成年後見制度は，判断能力が不十分な人のために，後見人が本人を代理して必要な契約を締結し，本人が行った契約を取消し，又は財産管理・身上監護を行う等の制度である。もっとも，成年後見制度は，裁判所の管理下にある制度で安心感はあるが，一方で制度が硬直的で利用しづらいというデメリットもある。一方，民事信託は，高齢者が判断能力のあるうちに特定の資産を信頼できる受託者に移転して，本人と家族の生活を守り，財産を守る仕組みである。契約で信託目的に基づく柔軟な財産管理が可能になるほか，財産の処分も委託者の希望に沿って行うことが信託を通じて可能にもなる。受託者が管理するため，当然，第三者・親族からの財産侵害のおそれもない。高齢者の柔軟な財産管理ツールとしての役割が今後期待できる。もっとも，信託の設定にあたり，税務上の問題がないか，専門家に確認することは必須である。

4 外国の高齢化対策─ power of attorney・トラスト

米国では，認知症対策として，durable power of attorney（委任状）が利用

される。これは，委任者が認知症となって判断力を喪失しても有効なもので，代理人に不動産の管理，金融資産の管理，債務の弁済等，財産管理につき広範な代理権を付与される。委任状制度は，裁判所の管理下にないので，日本の成年後見制度と比較して，簡易で使いやすい制度とはいえるが受取者による権利濫用のリスクがある。

　柔軟で安心な財産管理ツールとして，トラスト（信託）もよく利用される。受託者候補となる金融機関・トラスト・カンパニーも，日本より選択肢が豊富で，より柔軟な財産管理が可能であるばかりか，濫用のリスクも低く，信頼できる制度といえる。

　これらの高齢化対策は，やはり財産の所在地ごとの対策を専門家に相談することを勧める。通則法には，後見の準拠法は，被後見人の本国法とあるので，日本人の場合，日本法によることになる。もっとも，日本の成年後見制度の手当をしてあるからといっても，外国財産所在地で，その手当が有効で，円滑に実行できるかは未知数であるからである。

第 2 章　分散管理の法務ポイント（国際相続─海外資産の出口戦略）　69

32 分散管理とエステート・プランニングの必要性

■ ポイント

1 財産管理対策
2 高齢化対策
3 相続対策

■ 解　説

　これまで述べたように，①あらゆる場所に財産を保有する，②長期にわたって財産を保有する，③様々な種類の財産を保有する等して資産の分散管理をする場合，さまざまなリスクがある。そのリスク対策として，適切なエステート・プランニング（資産管理・承継計画）を行う必要がある。

1　財産管理対策

　長期的に財産を保有する場合，財産保有地の当該財産に関連する法令・税法が改正されるたび，必要な調整を行う必要がある。財産保有の方法もそのたびに検討することが，安全な財産管理といえるであろう。日本に居住しながら，外国に収益があがる資産を保有している場合は，日本と当該外国との税務の調整も必要であるが，租税条約等も含む複雑な分野なので，専門家に確認することを強く勧める。

　なお，日本の税務当局は，海外財産の把握や課税強化に努めている。日本の贈与税・相続税の課税対象範囲は拡大を続けているし，国外財産調書制度・国外転出課税制度・財産債務調書といった海外財産の把握と課税強化を目的とした法改正が立て続けに行われている。さらに，平成30年9月から日本でも実施されている金融口座情報の自動交換制度（CRS: Common Report Standards）により，日本の被居住者の金融口座情報が海外の税務当局から日本の税務当局に提供されることとなった。海外に財産を移せば，当局も分からないとして，租税対策として海外に財産を移すような時代もあったが，もはやその時代は終

焉したのである。

2 高齢化対策

長期間にわたり，外国に財産を保有する場合は，高齢化による認知症のリスクに備え，資産が凍結されぬよう，財産管理や処分が円滑に行えるような仕組みを整えておくことが重要である。判断能力のあるうちに，海外から財産の引き揚げをしたり，海外資産として持ち続ける場合は，米国の場合であるが，durable power of attorney を信頼できる代理人に付与したり，信頼できる者を受託者とする trust を設定することである。

3 相続対策

高齢とはいえない年齢であっても，長期間財産を外国に保有する場合は，万が一に備えて相続対策は必要である。不慮の事故というものはあるのである。いざ，相続が起きても事前の相続対策がない場合，特にプロベートが必要となる国に財産があると，時間もコストもかかる手続が必要となる。家族の精神的・経済的負担は，大きい。専門家を依頼し，適切な相続対策を行っておく必要がある。

なお，相続対策として，国内外問わず，財産リストを作成しておくことも重要である。最近は，取引明細を郵送せず，インターネットで明細を確認するケースが多い。インターネットによる場合は，パスワードを知っている本人しか口座にアクセスをすることができず，どんな財産を保有しているかは，配偶者すら知らないことが多い。財産を知らなければ，相続手続を進めようもない。

33 分散管理とエステート・プランニング
――留意点

■ ポイント

1　複数の国・地域に財産を保有する場合の留意点
2　一度作成したからと安心するのは禁物
3　自分が理解できるものを

■ 解　説

　32で述べたとおり，資産を分散管理し，それを長期間保有していく場合，エステート・プランニングは不可欠である。しかしながら，やみくもにエステート・プランニングを行うことは危険である。そしてエステート・プランニングに完全なものはない。

1　複数の国・地域に財産を保有する場合の留意点

　クロスボーダーのエステート・プランニングの世界では，複数の国・地域に財産を保有する場合，遺言書や信託は，財産所在地ごとに作成することが原則といえる。外国で作成した遺言書も理論上有効とされることが多いが（例えば米国のニューヨーク州（居住者がニューヨーク州）で作成した遺言書も日本では有効と扱われる），実務上は円滑に相続手続ができない危険があるからである。

　したがって，遺言書・信託等のエステート・プランニングは，特に対象財産が不動産のときは，その財産所有地ごとに行う場合が多い。

　なお，複数の地でエステート・プランニングを行う場合，複数国で作成してした遺言書や信託間で，矛盾・抵触が生じないよう留意する必要がある。遺言の場合，後に作成した遺言書が優先するといわれているが，このことから思わぬトラブルになる可能性もあるからである。遺言書や信託の対象財産を当該国に限定すること等で，矛盾・抵触を極力防ぐことが必要である。なお，これは，双方の遺言書等を作成する専門家の意思疎通があってこそ，万全なものとなる。したがって，相続対策を行う双方の専門家は連携することが望ましい。

2　一度作成したからと安心するのは禁物

　遺言書や生前信託等のエステート・プランニングは，一度作成したから安心というわけではない。見直す必要がある。なぜなら，時間の経過と共に，家族構成，財産構成，財産の価値，本人を取り巻く環境，そして本人の心情も変化が生じるほか，法改正等も生じ，以前作成したエステート・プランニングの内容が必ずしも適切とはいえなくなる可能性もあるからである。資産の分散管理にも状況に応じた見直しが必要である。それと同じく，エステート・プランニングの内容も，状況に応じて見直す必要があるのである。

　日本人のエステート・プランニングの依頼者は，60代以上の方々が多い。しかしながら，外国人のエステート・プランニングの依頼者は，実は30代，40代の方が多い。同年代に，結婚や離婚，子が誕生するといった家族構成の変化，自宅等の不動産を購入する大きなイベントがその年代に重なるからである。特に，日本に居住する外国人は，日本の税制を強く意識しており，その税制改正のたびに，相談に見える依頼者もいる。分散管理をされるような方は，やはりそれに見合ったエステート・プランニングの管理も積極的に行う必要があるように思う。

　なお，見直しのタイミングは，新たな財産を取得したり，大きな財産を処分する等，財産内容に変化があったとき，結婚・離婚等のライフイベントがあったとき，関連する法令・税制があったとき，居住地を変更したとき，各人の状況によるであろう。毎年定期的に見直す方もいる。

3　自分が理解できるものを

　極端に複雑なエステート・プランニングは，作成された本人が理解できていないことが少なくない。このような現象は，各国の業者に勧められるがまま，エステート・プランニングをやみくもに行っていることに起因することが多い。しかしながら，整理をしてみると，実際は，信託を組成する必要がないのに信託が組成され，多額の手数料が生じていたり，各国間で矛盾を生じていたり，ひどいものは税務的にも問題なものも少なくない。それ以上に，そのプランニングの骨子すら，本人が理解していないことが問題なのである。ご本人が理解していなければ，最適なエステート・プランニングも不可能である。細かな法律的な効果を理解する必要はない。それは専門家の仕事である。しかしながら，自身の財産である以上，エステート・プランニングの目的・骨子（誰に配分するのか）といった最低限度の内容は理解しなければ，エステート・プランニングの意味がない。

第2章　分散管理の法務ポイント（国際相続─海外資産の出口戦略）　　73

34 ケーススタディ①—タイムシェア

■ **ポイント**

1 事案と相談内容
2 問題点と対策

■ **解 説**

　タイムシェアは，比較的手ごろな価格で持てるリゾートに関する権利である。ハワイ州やフロリダ州への旅行の際に，ショッピングセンター等で「資産の分散管理にいかが」等と勧誘されて購入する方も少なくない。タイムシェアは，家族で楽しむ権利として，有用性も高いが，内容を理解していないと，「こんなはずではなかった」という思いをされる場合もある。タイムシェアに関する最近よくある相談事例を紹介したい。

1 事案と相談内容

① 事 案

　60代の日本人・日本居住のご夫婦が，ハワイ州オアフ島に観光目的の旅行に出かけた。初めての海外旅行である。ショッピングセンターでお土産を購入していたときに，某リゾート会社のタイムシェアの説明会に勧誘された。説明会に行くだけで，100ドルの買物券と，同リゾート会社が運営するホテルでの豪華な夕食券が付いてくるという。説明会で紹介されたタイムシェアとして付与されている部屋は，綺麗なオーシャンビューで，室内は自分たちが宿泊しているホテルとは比較にならないほど広くて充実している。今日購入すればキャンペーン中で，かなり格安でグレードも高い部屋に宿泊できる権利が確保できる。しかも，権利は子や孫たちに相続させることができる。今回の旅行は2人で100万円程度かかっている。キャンペーン中であるという販売員の勧誘にものせられて，こんな素敵なところに毎年宿泊できる権利が3万ドル程度で購入できるのであれば，と説明会で即決購入し，その後もハワイの旅を満喫して帰国した。

② 相談内容

帰国した週末に，長男・二男夫婦を招き，食事をしている際にタイムシェアを購入したことを話したら，「毎年ハワイに行く時間も余裕もないのにそんなものにお金を出して！　いったい，タイムシェアとはなんだ?!」と怒られた。説明書をよくよく見ると，毎年の管理維持費がそれなりにかかるみたいである。日本語の説明書はあるが，カタカナばかりで意味の分からない専門用語も多く，自分が購入した権利内容がよく分からず怖くなってきた。キャンセルしたいが，英語にも自信がなく，どこに電話すればよいのかも分からない。

2　問題点と対策

ハワイ州やフロリダ州のタイムシェアは，施設を利用することができる契約上の権利である日本のリゾート会員権と異なり，deeded timeshare という制限付きの不動産所有権型も多い。不動産所有権型の場合，固定資産税も課税され，また相続が発生した場合はプロベートが必要となる可能性が高い。

不動産であることすら知らなかった，不動産であれば欲しくないというのであれば，クーリング・オフ期間であれば即刻クーリング・オフの手続をする必要がある。一方，クーリング・オフ期間を過ぎてしまうと，話は簡単ではない。もっとも，契約時の事情・状況によっては，何らかの解決方法がある可能性もある。自分の手に負えないと思ったら，早めに専門家に相談することが必要である。

タイムシェアは，有効利用できるのであれば素晴らしい商品である。一方で，最近持て余し気味というのであれば，早めに処分することも相続対策といえる。1年の管理料は，大して大きな金額ではないことから，放置されるパターンも多いが，不動産であるため，相続という事態になれば，厄介なプロベートの対象となる可能性もあるからである。さらに，建物が老朽化すれば，大規模修繕費も上乗せされて，管理料が年々上昇する傾向になる物件も多い。

タイムシェアが相続対象財産として含まれており，何ら相続対策がなされていない結果，相続人の方々の手続的・経済的負担になっているケースも少なくない。放置すれば，固定資産税を含めた管理料債務は溜まっていくし，処分しようにも，プロベートを経なければ処分することができない，さらに処分しようにもなかなか老朽化した物件は買い手が見つからない厄介な物件にもなり得るのである。

第2章　分散管理の法務ポイント（国際相続―海外資産の出口戦略）　　75

35 ケーススタディ②
—不十分なエステート・プランニング

■ ポイント

1 遺言書に矛盾・抵触が生じる場合
2 信託に遺言書の対象財産が含まれている場合

■ 解 説

　海外に相当の財産を長期間保有しつつも，エステート・プランニングを行わないまま相続が発生した場合，プロベートに巻き込まれたり，また外国の金融機関の相続手続で，家族が大変な苦労をする可能性が高いことは，前述のとおりである。海外に資産を保有する以上，そのエステート・プランニングは必須なのである。

　一方，エステート・プランニングを行ったとしても，日本・海外といった複数の国，地域の資産に関する場合，不十分なエステート・プランニングを行うことで，エステート・プランニングの目的が達成できない等の致命的な問題が生じることがある。

1 遺言書に矛盾・抵触が生じる場合

　複数の国，地域に資産を保有する場合，実務上，各国での相続手続を円滑に進めるために，資産のある所在地ごとに，遺言書を作成することが，クロスボーダーの相続対策の基本原則である。もっとも，その場合，各国で作成した遺言書間で，矛盾・抵触を起こさぬよう，各遺言書の対象をその国，地域の資産に限定する文言を入れることに留意が必要である。複数の遺言書が矛盾・抵触する場合，矛盾・抵触する内容については，後に作成した遺言書の内容が優先される。この点，遺言書は，相続対策の対象となる財産の遺漏を防ぐため，すべての相続財産をカバーする包括条項を入れることが多いが，後に作成した遺言書にこのような包括条項が入れば，先に作成した遺言書の内容が新しい遺言により撤回されたこととなり，せっかく行ったエステート・プランニングが無

意味になるのである。

また，外国，特に英米法系諸国では，日本と比較して，遺言書の書換えが多い。遺言書の書換えの際は，新しい遺言書の冒頭で，これまで作成した遺言書をすべて撤回するといった文言が入ることが多い。クロスボーダーのケースで，各国の財産所在地ごとに，遺言書を作成するケースでは，当該外国に所在する財産に限定した遺言書の撤回という合理的解釈ができる可能性もあろうが，そのエステート・プランニングに異議のある者がいれば紛争となり，書換え遺言の範囲をめぐる裁判となるであろう。撤回時も撤回の対象を限定すること等の配慮が必要となるのである。

2 信託に遺言の対象財産が含まれている場合

信託でも類似の問題が目立つ。信託と遺言書はセットで作成することも多い。遺言書の対象となる財産がすでに他国で作成された信託の信託財産となってしまっている場合に，遺言書の目的が果たせないという問題が生じる。例えば，日本では日本の財産をカバーする遺言書を作成し，米国で米国の財産をカバーする遺言書・生前信託を作成するエステート・プランニングを行ったが，いざ相続が発生した場合，米国の信託に，日本の財産が移転しており，日本の遺言書で行おうとしていた目的が達成できない場合等も散見される。これは，専門家間の連携が取れていないことと，やはり信託の内容を本人が理解していないことに起因すると思われる。財産の所有者である本人から，米国の信託名義＝受託者に財産を移転するのは，本人の関与が不可欠であるため，コミュニケーションをよくすること，そしてエステート・プランニングの目的を本人が理解すれば，このような基本的なミスは回避できると思われる。

外国の信託は，信託契約で準拠法の定めがされていることが多く，契約準拠法に従って有効とされれば，日本でも有効とされる可能性が高く，法律上の有効性はあまり問題にはならない。一方，深刻なのは，日本の税務上の問題である。外国の専門家は，当該外国の税制に基づいたアドバイスしか行わないが，日本の信託税制は，諸外国の信託税制と比較して，特殊な税制をとっているからである。「税制上も有利です」といわれても，それは日本の税務の話ではない。日本の問題は，本人の自己責任なのである。したがって，実際に組成する前に，専門家に日本の税務効果について確認することを強く勧める。

第3章

財団・信託を利用した
資産管理と相続ポイント

36 そもそも，財団・信託は，会社と何が違うのか？

■ ポイント

1 会社は「株主のもの」，財団，信託は「設立者のものではない」
2 信託は所有名義を持たずに財産の「実質的権益」を受け取るもの
3 財団に寄付した財産は形式的にも実質的にも寄付者のものでなくなる

■ 解　説

1 会社は「株主のもの」，財団，信託は「設立者のものではない」

現在，日本の資産管理においては，会社（資産管理会社）が使われることが多く，国内外の信託や財団が使われることは依然として稀である。そこでまず，財団及び信託を理解する前提として会社と比較してみることにする。

まず，会社，信託及び財団は，いずれも一定の設立根拠法に基づいて設立される。したがって，会社，信託及び財団の権利関係や管理運営については，それらが設立された国・地域（以下単に「国」という。）の法律に従う。このため，会社，信託及び財団，それがどこの国で設立されたか（設立準拠法がどこか）によって権利関係や管理運営のルールが異なることに注意を要する。

しかし，どの国で設立された会社，信託及び財団にも一般的に共通する点もある。まず1つは，会社と財団は法律によって人格を与えられた「法人」だが，信託は法人ではない（法人格を持たない）点である。もうひとつは，会社は設立者（株主）のものであるが，信託や財団は必ずしもそうではないという点である。

2 信託は所有名義を持たずに財産の「実質的権益」を受け取るもの

会社は自益権（株式価値・配当収益等の経済的権益）と共益権（議決権等の支配的権益）双方において，形式的にも実質的にも株主に帰属する。

他方，信託はそもそも法人ではないため，それ自体が何か法的主体（当事者）にはならない。委託者（信託設定者）が信託を設定すると，信託財産の所

有名義（形式的支配権）は受託者に属し，他方で信託財産に関する受益権（実質的権益）は受益者に属する（なお，委託者は受益者にもなれる。これを以下では「委託者兼受益者」という。）。実質的権益である受益権には，自益権と共益権の双方を含むことができる。信託は，受益者が所有名義を持たないながらも，受益権の形で財産からの実質的なメリットを享受する制度だが，これは国内外の信託に共通する点である。

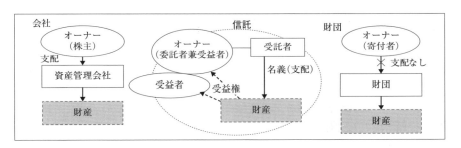

3　財団に寄付した財産は形式的にも実質的にも寄付者のものでなくなる

　財団は信託と異なり独立した法人格を持つが，会社との一番の違いは，「株主」のような，究極的に財団を所有・支配する者がいない点である。財団を設立して財産を寄付した場合，設立者（寄付者）は，その財産を所有・支配する権利を，形式的にも実質的にも失うことになる。財団が保有する財産は，財団が設立された目的（公益財団の場合は公益目的）のためだけに利用・管理され，設立者やその家族等，特定の者の私的利益（私益）のためには利用できない。設立者は，設立時に財団の（公益）目的を設定することができるが，以後寄付された財産は財団の目的のためにのみ利用されることが許され，形式的にも実質的にも寄付者の個人資産としては活用できなくなる。つまり，財団に財産を寄付すると，財産は個人資産ではなくなることを意味する。

37 会社でなく，あえて信託・財団を使う メリットは何か？

■ ポイント

1　信託は判断力喪失後の資産管理，死後の承継方法指定を可能にする
2　財団は財産の分散を防ぎ，後世にレガシー（遺訓）を残せる

■ 解　説

　福祉や事業承継など特定の目的がある場合を別にすると，一般的な資産管理の手段として信託が使われるケースは日本ではいまだ多くない。また，財団が資産管理手段として使われるケースはさらに稀である。では，資産管理にあえて信託・財団を使用するメリットは何であろうか。

1　信託は判断力喪失後の資産管理，死後の承継方法指定を可能にする

　信託は，家族福祉，事業承継，慈善等多様な目的で設定されるが，資産管理の文脈で財産保有者（信託設定者）の立場から信託を見た場合，主として次の3つのメリット（機能）があるといえる。

> ①　成年後見代替（補完）機能
> ②　遺言代替（拡充）機能
> ③　相続手続回避機能

　①について，個人名義や会社名義で財産を保有する場合に判断力を喪失すると，以後成年後見人を任命しないと自己の財産や会社保有の財産を動かせなくなる。しかし成年後見制度は被後見人の身上監護を主目的とする制度であるため，資産の管理・運用の局面においては柔軟さに欠ける。信託は信託財産の管理・処分を受託者に託することにより，委託者又は受益者が判断力を喪失した場合でも，受益者のための資産管理を安定して継続することができ，成年後見制度を補完することができる。

　②について，信託は生前に自分の死後の財産分配方法を指定できる点で遺言

と類似の機能を有する。ただし遺言では自分の次の承継人（受贈者）までしか指定できないため，次の承継人（例えば子）が散財してしまうとさらに後の世代（孫等）に財産を残せなくなる。信託は信託財産の名義を受託者に移しておくので，受益者である子は受益権の範囲でしか散財できない。よって，受益権の形で子以降の孫世代にも確実に財産を残すことができる。

③について，信託財産は受託者名義となるため，委託者又は受益者の相続財産から切り離される。この結果，信託財産については遺言執行や遺産分割等の正式な相続手続が不要となる。特に，海外（英米法圏）のプロベートという負担の大きい相続手続を省略できる点は，信託の大きなメリットである。

2　財団は財産の分散を防ぎ，後世にレガシー（遺訓）を残せる

世の中には各種の財団があるが，資産を寄付する際の課税を免除されることができるため，資産管理において公益財団が使われることがある。公益財団の主なメリットは次の2つである。

① 巨額な財産の散逸防止機能
② 設立者のレガシー（遺訓）を後世に残せること

現在の日本の税制によると，日本人の場合，長期の国外居住者や海外移住者等一部の例外を除き，基本的に相続税課税は免れない。相続で巨額の遺産を残された遺族は相続開始後10か月以内に高額の相続税を納付せねばならない。十分な流動資産がないと，遺産の一部の拙速な売却（安売り）を余儀なくされる。相続財産が上場株式である場合，大量放出されると株価不安定要因となる。これに対し，**財産を公益財団に寄付して個人資産でなくすことで，これら相続税納税のための財産散逸の懸念を予防できる**。他方，巨額の個人資産を手放す見返りとして，財産及びその配当収益を財団設立者の理想とする公益目的のために活用することができる。つまり後世に「レガシー（遺訓）」を残せる。「**相続税を払って国に無駄遣いされるより，せめて自分で有意義な使い道を決めたい**」というわけである。財団には，歴史的建築物や美術品等のコレクションを売却したり散逸せずに名所や美術館等の形で後世に残したり，上場企業・閉鎖大企業の支配株式の散逸を防止して安定株主化しつつ，株式の配当収益を公益のために活用できるというメリットがある。

第3章　財団・信託を利用した資産管理と相続ポイント　83

38 そもそも会社（資産管理会社）を使う目的は何か？

■ ポイント

1 国内の資産管理会社は主に国内資産管理のために使われる
2 国外の資産管理会社は国外資産管理や国外移住のために使われる

■ 解 説

信託，財団を考える前提として，国内外の資産管理会社がそもそもどのような目的で使われているかを以下に整理したい。

1 国内の資産管理会社は主に国内資産管理のために使われる

国内の資産管理会社は，主に日本国内にある財産を保有・管理するために利用される。財産保有の過程では，財産から発生する収入と関連する経費を損益通算して保有に係る税負担を軽減したり，家族を会社役員に就任させて報酬を得させる等，家族扶養のために利用される。また財産承継の過程では，分割が難しい不動産等の財産を相続人間で公平に分配するため株式の形で分配したり生前贈与するために利用される。

日本国内では資産管理会社は各種財産（株・不動産・金融資産等）の保有・管理のために広く一般に利用されており，資産規模も1億円未満のものから，数百億円以上の巨額なものまで幅広い。このように資産管理会社による財産保有は，国内の一般的な資産管理手法として広く利用されている。

2 国外の資産管理会社は国外資産管理や国外移住のために使われる

他方，国外の資産管理会社を利用する目的は大きく分けると次の2つがある。

① 国外に資産を保有する場合に，資産が所在する国（あるいはその他の国）において法人名義で財産を保有・管理するため。
② 日本人が国外に移住した場合に，日本法人ではなく外国法人を資産管

理会社とすることによる各種メリットがあるため。

　①について，近時富裕層等において資産を国内のみに保有するリスクに危機感を持ち，国外に資産を保有することで地域リスク分散を図るケースが増えている。そのような地域リスクには，為替変動や経済危機のほか，災害・戦争や国家倒産等想定外の非常事態のリスクも含まれる。国内金融機関の提供する外貨建て金融商品は為替リスクの分散にはなるが，本質的には国内財産に異ならず，上記の非常事態の地域リスク分散機能としては限定的である。

　このため，例えば国内居住者が東南アジアや米国等諸外国で不動産を購入するケースが多数ある。また，香港，シンガポール等国外に支店・営業所がある外資系金融機関（銀行（プライベートバンク），証券会社等）に口座を開設し，国内より幅広い金融商品に投資するケースもある。これら国外資産を保有・管理する便宜のため，国外の資産管理会社が利用されることがある。

　②について，日本人が家族とともに国外に移住して一定期間（現行は10年以上）経過すると，国内財産であれば課税される相続税・贈与税が，国外財産の形で相続・贈与すると課税されなくなる。国内財産を国外の資産管理会社名義で保有することにより国外財産とすることができる。また，例えば香港，シンガポール，米国等の国外法人名義で日本の上場株を保有すると，租税条約により配当収益にかかる源泉税を低く抑えることができる。このため，上場企業の大株主等が国外に移住するにあたり，将来の生前贈与や保有にかかる配当源泉税の節税を企図して，上場株を国外資産管理会社名義に移すこともある。

　税務当局等による捕捉を嫌って匿名性の高い形で財産を保有するため，日本居住者が国外に銀行口座を作ったり，株主名・役員名について登記で公開されない「匿名性の高い」外国の資産管理会社（BVI法人等）を利用するケースが従前多く見られた。しかし近時，共通導入された報告基準（Common Reporting Standard）により非居住者口座情報の自動交換システムが開始され，各国金融機関が当該国非居住者の個人口座，実質所有者が非居住者である法人口座の情報を日本の税務当局に提供するようになった。このため，金融資産について上記のような方法で財産の匿名性を維持することは現実的には難しくなっている。

第3章　財団・信託を利用した資産管理と相続ポイント　85

39 資産管理会社による財産保有に伴う 注意点（弱点）は何か？

■ ポイント

1 判断力を喪失すると財産を動かせなくなる
2 国外の資産管理会社では相続に伴う手続負担が非常に重い

■ 解 説

1 判断力を喪失すると財産を動かせなくなる

高齢化社会の現代，資産管理において無視できないリスクとして，自分（財産保有者）自身が判断力を失って成年被後見状態になる，ということがある。人は必ずしも死期を予定できるわけではなく，また死亡する前に認知症や疾病等で資産管理に必要な判断力を喪失してしまうリスクがある。誰しも元気なうちは「本格的な相続対策はまだ後でいい」と考え，病気や体力低下等で死期が近づいたと感じて初めて真剣に相続対策を検討しがちである。

しかし実際に判断力を喪失してしまうと，以後，自分名義の財産を自由に動かせず，資産の活用や相続対策が継続できなくなる。このような場合に裁判所で成年後見人を任命せずに家族が本人の財産を勝手に移転することは違法である。また，資産管理会社名義の財産を，株主である本人が判断力喪失状態である場合に家族や本人以外の他の取締役だけの判断で処分すると，厳密には会社法違反，善管注意義務違反となりかねない。

本人が判断力を喪失した場合のために日本では成年後見制度があり，諸外国でも概ね同様の制度がある。しかしこれら制度における成年後見制度では，基本的に裁判所の監督の下で被後見人本人の生活・身上監護のため最低限の財産処分しか許されない。したがって，生活・身上監護の範囲を超える資産活用や相続対策的な財産管理・処分は基本的に認められない。また，本人以外の家族の扶養費や納税資金等の現実的ニーズにも柔軟に対応できない。個人資産や資産管理会社が国外にある場合，なおさら迅速な対応が難しくなる。本人が判断力を失うと財産が凍結されたのと同様になるが，成年後見制度で対応できないこのような場面に備えられることが国内外で信託を活用する1つの大きな利点

である。

2　国外の資産管理会社では相続に伴う手続負担が非常に重い

　財産を個人名義から資産管理会社名義に移しても，株式が個人財産である限り，本人が亡くなると株式について相続手続をしなければ相続人らの財産とならない。国内財産の相続では無遺言の場合には遺産分割協議が必要であり，遺言がある場合でも遺言執行が必要である。さらに遺贈や遺産分割の内容に相続人間で争いがある場合，これら手続を進めるのが非常に困難になる。

　国内に比して国外の相続手続はさらに面倒である。相続手続は基本的に各国国内法の問題であり，各国ごとに異なる相続手続が必要である。たとえ日本人でも，国外財産の相続手続を日本の法律のみで遂行することはできない。

　したがって，財産所在地国ごとに外国弁護士を雇い，相続手続をせねばならない。特にプロベートが必要な英米法（Common Law）圏に個人資産や資産管理会社がある場合，裁判所に申立てが必要となるため，場合により1年以上かかり非常に時間と費用がかさむ。相続人が日本居住者の場合，国外財産も相続税の課税対象であるにもかかわらず，相続手続中，国外財産は凍結されて自由に処分できず，納税資金にも利用できないことになる。さらに複数の国に財産や資産管理会社が分散する場合，各国でプロベート手続等をせねばならず，この負担は本人よりもむしろ遺族にとって非常に悩ましい問題となる。

　ひとつの負担軽減策として，各国の資産管理会社を子会社として従える統括的資産管理会社を作り，相続手続をその統括的資産管理会社の株式の相続のみに限定してしまう方法がある。また，統括的資産管理会社の株式について遺言を作成することで，相続手続の負担をさらに軽減することができる。なお，遺言があってもプロベート手続や遺言執行が不要にならない点は注意を要する。

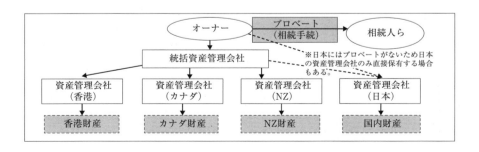

40 国内の信託とは具体的にどういうものでしょうか？

■ ポイント

1 信託とは受託者に財産を「信じて託す」もの
2 信託契約では受託者の権限義務の明確な規定が重要

■ 解　説

1 信託とは受託者に財産を「信じて託す」もの

信託は「信託設定者（委託者）が信託契約等によって受託者に財産を移転し（又は移転せずに），受託者が以後信託契約等に定める目的に従い受益者の利益のために信託財産の管理・処分等をする制度」とされる。信託とは，端的に受託者に財産を「信じて託す」ものという説明もなされる。

信託は，信託契約又は遺言（遺言信託）によって信託財産の名義移転とともに設定される場合と，公正証書等の書面により名義移転を伴わずに信託宣言（自己信託）によって設定される場合がある。

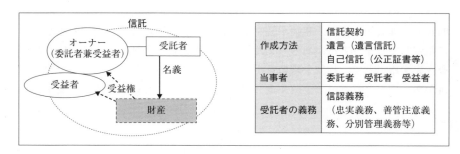

信託設定により，信託財産は（委託者財産から離れて）受託者名義になる。他方で受託者固有の財産とも分別管理される。信託財産の名義は受託者にありながら，その財産の実質的権益すなわち受益権は，受託者ではなく，受益者（委託者兼受益者）に帰属する。このように，財産的観点からは，ある意味「どこに属するのかが不明瞭な財産」を発生させるのが信託である。

また，信託契約では委託者と受託者が契約当事者になるが，受益者は受益権という「権利」を得るものの契約上の「義務」を負わない。他方受託者は委託者と契約するが，「委託者ではなく受益者に対して」信託契約に基づく義務のほか，忠実義務，善管注意義務等，信託法に基づく信認義務を負う。

　このように，①名義は受託者が，受益権は受益者が持つという所有関係が不明瞭な財産を作り出し，②この信託財産に関して委託者，受託者及び受益者がそれぞれ権利義務に服するという財産と当事者の関係性の総体を信託という。

　なお，日本では信託法改正により，当初受益者が死亡した後に受益者となる者を順次連続して指定する，いわゆる「受益者連続型信託」が可能となった。ただし受益者連続型信託の有効期間は「信託契約から30年を経過した後に受益権の取得が生じると，その受益者が死亡するか受益権が消滅するまで」のみ有効となるとされ，永続的に存続することは制限されている。

2　信託契約では受託者の権限義務の明確な規定が重要

　上記のとおり，信託財産が受託者名義になるため，委託者又は受益者が判断力を途中で喪失しても受託者による信託財産の管理継続には影響を与えない。したがって委託者や受益者が判断力を失っても，成年後見人を任命せずに受託者による財産管理を継続できる。また委託者や受益者が死亡しても，受託者名義の信託財産は相続対象とならないため，相続手続をする必要はない。受益者連続型信託の場合，受託者は相続手続を経ずに迅速に新たな受益者に対して順次受益の給付を開始できる。信託では信託財産を受託者名義にすることにより，委託者又は受託者に生じる判断力喪失や相続等の事態において，厳格かつ面倒な手続によらずに資産管理を継続することが可能になる。

　他方，受託者は（信託目的の範囲ではあるが）所有者同様に振る舞えるため，信託財産について大きな権限を有するが，成年後見人と違い，基本的に裁判所による監督を受けない。受託者を縛るのは信託契約及び信託法の規定する受託者の権利義務規定のみである。したがって，信託契約において受託者の権利義務の範囲が明確にされていないと，一方で受託者の不適切な権限行使を抑制できず，他方で受託者も責任追及を恐れて迅速な対応ができなくなる。

　したがって，信託契約作成にあたっては，受託者の権利義務を明確に規定することが重要となる。

第3章　財団・信託を利用した資産管理と相続ポイント　　89

41 国内の信託はどのような目的で利用されているでしょうか？

■ ポイント

1　私益信託における信託利用目的の類型
2　家族福祉等の特定の目的がなくても信を設定する意義がある

■ 解　説

1　私益信託における信託利用目的の類型

　日本の信託は，特定の受益者を利する目的で設立されるいわゆる「私益信託」と，特定の受益者を持たない「目的信託」の２つに分類される。目的信託には，慈善等の公益目的を有する「公益信託」が含まれる。目的信託や公益信託は個人の資産管理という本書の趣旨から外れるため，ここでは私益信託のみを扱うことにする。

　私益信託の機能には，大きく分けて

①　（後見的）財産管理機能

②　財産承継機能

の２つの目的がある。高齢者，障害者及び未成年者等，一定の支援を要する者（「要支援者」）のための後見的な財産管理を目的とする福祉型信託は①（後見的）財産管理機能の要素が強い。他方，例えば家業たる事業会社の経営権承継のために株式信託を設定して配分や承継方法を指定する信託は，②財産承継機能の要素が強い。信託法関連の各種文献や信託業者等の提供する資料では，家族に要支援者がいる場合や閉鎖企業の事業承継など，特定の目的が存在する場合に信託を利用する設例が取り上げられることが多い。

2　家族福祉等の特定の目的がなくても信託を設定する意義がある

　では，信託の利用は，家族に要支援者がいる場合や家業の事業承継の必要がある場合など，特定の目的がある場合に限定されるべきかというと必ずしもそうではない。①（後見的）財産管理として，家族のみならず，「財産保有者自

ら」の判断力が低下した場合の備えとして信託を設定する必要性は高い。また，②財産承継として，生前に信託を設定することで，遺言よりも確実に財産を保有者自らが望む方法で財産を子孫らに承継させることができるという有用性もある。さらには受益者連続型信託等を活用することで，遺言では不可能であった次々世代（孫）以降への承継方法の指定も可能になる。

37において，信託には①成年後見代替機能，②遺言代替機能及び③相続手続回避機能があると述べた。特に生前に信託設定する場合，財産保有者にとっては「自らが元気なうちに自分の財産がどのように承継させるかを決め，かつ，自らに何が起きてもそれを確実に実行できる」という重要な意味を持つ。すなわち，仮に遺言を作成しても，成年被後見状態になった場合に遺言対象財産が成年後見人によって生前に処分されてしまうと遺言が無意味になるというリスクがある。また，日本では遺言執行に際して遺言執行者と相続人全員で遺言内容と異なる分割方法を合意することも可能である。さらに遺言による遺贈に対して遺留分減殺請求がなされるというリスクもある。このように，遺言では「事後的に」遺言者の望まない形で財産が承継されてしまう可能性が否定できない。生前に信託設定することにより，財産を受託者に移して契約責任の下で受託者により自らの資産承継の意向が確実に履行される保証ができ，上記のような遺言の弱点を克服することができる。

また，40で述べたとおり，生前信託は，自らが判断力喪失状態になっても財産を凍結させずに受託者による財産管理を継続させ，死亡する瞬間まで財産を有効活用し，相続対策を継続することを可能にする。

このように，財産保有者自身にとっても有益で重要な意味があるため，家族福祉（一定の要支援者に対する配慮）や事業承継など，特定の具体的目的がない場合であっても信託を設定する意義は十分にあるといえる。もちろん信託設定に際し，家族福祉や事業承継等の目的を含めることはもちろん可能である。

上記のように，信託を既存の民法上の制度では実現できないことが可能になるという観点でとらえた場合，資産保有者にとって，成年後見制度や遺言等の従来の承継手段に比して大きな利用価値があるといえる。

第3章　財団・信託を利用した資産管理と相続ポイント　91

42 国内の信託の受託者を誰に頼むべきでしょうか？

■ ポイント

1 　日本では資産管理のための信託は比較的歴史が浅い
2 　信託銀行等が受託者になるのはまれで家族信託が一般的である
3 　家族・知人が受託者となることの弊害

■ 解　説

1 　日本では資産管理のための信託は比較的歴史が浅い

　資産管理や家産承継のための信託は，投資信託の組成や資産流動化等の目的で利用される信託（いわゆる商事信託）と区別される。歴史的に日本の信託は，英国を起源とする「Trust」の法制度（43以下参照）が米国を経由して大正時代に「信託」として導入された。しかし，戦後長らく信託銀行等により商事信託を中心に活用されてきたため，個人の資産管理等のための信託が注目され出したのは，2006年の信託法等改正以後と，日本では比較的歴史が浅い。

2 　信託銀行等が受託者になるのはまれで家族信託が一般的である

　日本では信託業法の規制により，「業として」信託財産の受託者となれる者が信託銀行・信託会社（「信託銀行等」）の免許保有機関に限られている。弁護士，税理士であっても「業として」すなわち「営利目的を持って反覆継続して」受託者となる業務を引き受けることはできない。他方，現在，信託銀行等が提供する受託者サービスは，「不動産管理信託」「有価証券信託」等，財産の種類や目的ごとに類型化したラインナップに限られる。また，信託設定できる財産も国内財産に限られる。国内信託では，国内財産を信託銀行等が提供する限定されたラインナップから選択して設定するため，資産保有者の個別ニーズに応じたカスタマイズの受託者サービスは難しい。

　このような実情もあり，資産管理のための国内信託では，信託銀行等が引き受けている一定の類型を除くと，委託者の家族，親族や知人等（「家族等」）が

受託者に就任する，いわゆる家族信託が多いようである。

3　家族・知人が受託者となることの弊害

　ただし，家族信託において，家族等個人が受託者となる場合，以下のとおり一定の弊害もある点に注意を要する。

	家族等自然人が受託者	信託銀行等法人が受託者
受託者の永続性	×	○
専門性（信頼性）	△	○（監督官庁による監督）
立場の中立性	×（家族間の紛争等）	○
財産内容の守秘性	×	○
費　　用	○（低額）	△ないし×（内容により高額）
設計の柔軟性	○	△ないし×（一定のラインナップに限定）
対応の迅速性	○	△ないし×

　受託者は他人（受益者）のために財産を管理する者であり，善管注意義務・分別管理義務等の責任を負う。信託法及び信託契約を理解し，財産を適切に管理・運営する等，受託者業務の負担は相当に重い。弁護士ですら成年後見人業務に関して不適切な財産管理による懲戒事例が少なくないことからみても，他人の財産を預かる受託者の義務違反を防止するのは容易ではない。監督官庁や裁判所による適切な管理，監督が及ばないため，**家族信託で個人に受託者業務に任せることには不可避のリスクが付きまとう**。

　多くの信託では委託者の死後も受託業務が長期間継続するが，個人の受託者が死亡した場合権利関係の複雑化は免れない。また受託者業務という負担を家族間で押し付け合うと不公平感が出る。受託者自身が相続人として相続に利害関係を持つ場合，余計な「争族」問題を引き起こしかねない。さらに，家族等に対して「すら」自己の資産内容を知られたくないという委託者の希望も現実として強い。

　したがって，資産管理のための信託では，**価値が大きく複雑な財産については適切に監督され永続性のある信託銀行等を受託者とするのが望ましい**。他方家族信託は，高齢者扶養等福祉目的がある場合や財産規模が小さい場合に限定するべきと考える。現在の信託銀行等による限定的な受託者サービスの類型が，今後多様化することに期待したい。

第3章　財団・信託を利用した資産管理と相続ポイント　93

43 国外の信託（Trust）とはどういうものでしょうか？

■ ポイント

1　英米法（Common Law）系の信託（Trust）の柔軟性と多様性
2　英米法の「Trust」の日本の「信託」との共通点
3　Trust 特有の分類方法・概念

■ 解　説

1　英米法（Common Law）系の信託（Trust）の柔軟性と多様性

　日本人が国外で資産管理のために信託を活用する場合，多くは「Trust」といわれる英米法（Common Law）圏の信託（「Trust」）が利用される。これは英語が日本人に比較的なじみやすいこと，英米法の Trust は多彩な実用が可能であること等が理由だと思われる。そこで本稿では，国外の信託の紹介として主に英米法の Trust を取り上げる。なお，ここでは金融商品等組成のためのスキームとして利用される Commercial Trust ではなく，富裕層の資産管理のための Family Trust を念頭に置くことにする。

2　英米法の「Trust」の日本の「信託」との共通点

　日本の信託は英国の Trust を起源とするため，当然ながら英米法の Trust は日本の信託と同様の概念である。「Trust」とは，「所有名義人（Legal Title Holder）が，実質的所有者（Equitable Title Holder）の利益のために対象財産（信託財産）を保有する際に従うべき特定の義務」を意味する。「Equitable Title」とは「衡平法上の権利」と訳される英米法特有の概念だが，ここでは日本における信託の受益権と同様の一種の財産権と理解しておけば足りる。

　Trust の必須当事者は委託者（Settlor），受託者（Trustee）及び受益者（Beneficiary）の三者であり，Trust は，信託契約又は信託宣言（Declaration of Trust）によって設定することができる。なお，委託者が当初受益者を兼ねることもできる。信託財産についての所有名義（Legal Title）は受託者に，衡

平法上の権利（実質的権益）である受益権が受益者に，それぞれ別に帰属する。また，受託者は，信託契約に規定する各種義務のほか，受益者に対して信認義務（Fiduciary Duty）や注意義務（Duty of Care）という契約に書かれざる法律上の義務を負う点も日本の信託と類似する。

受益者については，当初受益者の死亡後に順次別の者を受益者に指定する，いわゆる「受益者が連続する Trust」も可能である。もっとも，判例法上，Trust には永久性禁止原則（Rule Against Perpetuity）があり，一定以上長期間の Trust の設定が禁止される。しかしこの判例法原則は，英米法の各法域の制定法で修正されている。現在例えばシンガポールでは100年，BVI では原則360年，ケイマンでは原則150年（いずれも Purpose Trust の場合を除く）など，各法域で異なる制定法ルールを導入して制度間競争をしている。

3　Trust 特有の分類方法・受託者の義務の分類方法

Trust を理解する上で知るべき分類の１つに固定的信託（Fixed Trust）と裁量的信託（Discretionary Trust）の違いがある。前者は受益者が受け取る受益権の分配方法が信託契約であらかじめ確定（固定）されており受託者による裁量の余地がないもの，後者は受託者の裁量を許すものである。例えば「妻が死亡するまでは妻Aが信託財産収益（income）を受け取り，妻が死亡した後は２人の子供B及びCに，信託財産元本（principal）を均等の割合で分割して帰属させる。」というように，裁量の余地を残さないのが固定的信託である。

また，撤回可能信託（Revocable Trust）と撤回不能信託（Irrevocable Trust）という違いもある。撤回可能信託は，読んで字のごとく，設定後も委託者が取り消して信託財産を取り戻すことができる信託である。

また，受託者が負う権利・義務は大きく２つに分かれる。**管理権限（義務）**（Administrative duties）と**処分権限（義務）**（Dispositive duties）といわれるものであり，前者は信託財産全体の価値を維持していくために信託財産を投資・運用したり，資産を購入・売却する等の信託財産管理に関する権限を意味し，後者は信託契約の規定に従って信託財産収益や信託財産元本を受益者に払い渡す等の信託財産を払い出す権限をいう。Trust 設計を検討するにあたってこれらの分類をまず理解しておくことが必要である。

第３章　財団・信託を利用した資産管理と相続ポイント　　95

44 国外の信託（Trust）設計にあたって 何に注意すべきでしょうか？①

■ ポイント

1　Trust の設立準拠法は委託者の居住地や財産所在地に縛られない
2　信託設定者（委託者）の希望を反映する Trust の設計方法

■ 解　説

1　Trust の設立準拠法は委託者の居住地や財産所在地に縛られない

　日本の信託と異なる Trust の特徴は，Trust は必ずしも委託者が居住する国や信託財産が所在する国に設定する必要がない，という点である。例えばシンガポール居住者が BVI にある法人株式についてバハマに Trust を設定する，という国境を越えた Trust の設定ができる。BVI，ケイマン諸島，バハマ，ガーンジーなど，Offshore Centre といわれる低税率国（法域）の多くは英米法圏に属しており，互いに類似しつつも特徴のある Trust 法を有している。それら法域の Trust 法は，例えば委託者のより自由な設計を許容する規定や Trust「された財産」を遺族による遺留分減殺請求から保護する規定を導入するなど，それぞれ委託者のニーズに促した特色を有している。これらの制度間の相違を利用して財産所在地や Trust 準拠法を異にする Trust を設定することで，設定者（委託者）の個別ニーズに適した Trust を設定することが可能になる。

2　信託設定者（委託者）の希望を反映する Trust の設計方法

　日本人の場合，日本の税法の規定により，（居住地が国内外いずれにあるかにかかわらず）たとえ信託又は Trust を設定しても，基本的には相続税・贈与税に関しては特段税務上のメリットはない。とすると Trust 設定のメリットは既述の①成年後見代替機能，②遺言代替機能，③相続手続省略機能に絞られる。資産管理のための Trust では，財産保有者（委託者）が生前に Trust を設定し，存命中は自らが委託者兼受益者となって信託財産に関する権限を極力確保し，死後は配偶者や子孫が順次連続して受益権を享受する，という Trust を設定す

るケースが多い。

このため，財産拠出者である委託者には，Trust 設定後も受託者による信託財産の管理処分に対する支配を極力留保しておきたいというニーズが強い。これに関し，Trust では実務上下記のいくつかの手段が用意されている。

① 撤回可能信託（Revocable Trust）として委託者がいつでも Trust を取り消して信託財産を取り戻せるようにする方法。

② 裁量的信託（Discretionary Trust）として，Trust 設定後も受益権の分配方法や受益者の指定を柔軟に変更できるようにする方法。

③ 信託契約により，委託者（又は後述する保護者（Protector）等）による同意権・指示権を留保すること等で受託者の権限行使を制約する方法。

④ Letter of Wishes（希望書）により，受託者による裁量権行使の事実上の指針を与える方法，

なお Letter of Wishes とは，委託者から受託者に差し入れる一種の指示書だが，受託者が署名・締結するものではないため受託者はこれに法的には拘束されない。しかし，裁量的信託において受託者が裁量権を行使する際，Letter of Wishes を参照するため，事実上の指針として機能するものである。

実際の信託契約は，これら各手段の組み合わせにより，設定者（委託者）の希望をなるべく反映できるようにカスタマイズで設計される。例えば裁量的信託としつつ，信託契約の個別規定で受益者や受益権の配分方法の指示権を委託者に留保したり，Letter of Wishes により裁量権行使方法を事実上指示したりする場合がある。また，受託者による投資判断権（管理権限（**43**参照））行使について，委託者が生前元気な間は委託者の同意を要求し，委託者の判断力喪失後や死後は委託者に代わる保護者の同意を要求するように設計する場合もある。

ただし，委託者の留保権限（Reserved Rights）や保護者の権限を拡大してあまりに受託者の権限を制約しすぎると，Shum Trust（仮装信託）として，委託者の債権者等（相続人や配偶者を含む）から Trust の成立の有効性を争われるリスクがある点に注意を要する。この点，受託者に対する制約（委託者の留保権限や保護者の権限）の範囲は設立準拠法ごとに若干異なるため，当該 Trust の設立準拠法の Trust 法に合致しているかを参照しつつ，Shum Trust とされないよう適切に信託契約を設計する必要がある。

第3章　財団・信託を利用した資産管理と相続ポイント　97

45 国外の信託（Trust）設計にあたって何に注意すべきでしょうか？②

■ ポイント

1　近時の Trust でよく利用される保護者（Protector）とは何か
2　委託者（Settlor）の権限留保についての各 Trust 法の規制にも注意を要する

■ 解　説

1　近時の Trust でよく利用される保護者（Protector）とは何か

近時の Trust において，保護者（Protector）という地位を有する当事者が登場することがある。保護者は従来型の Trust では必須の当事者ではなかったが，近年の実務上のニーズから利用されるようになってきたものである。

端的にいうと，保護者とは，委託者又は受益者の代わりに受託者を監督する地位を有する者である。保護者の扱いは法域によって異なっており，バハマや BVI，ケイマン諸島のように制定法上，保護者の規定を有する法域もあれば，香港のように制定法上の規定がない法域もある。

保護者の典型的な使われ方としては，委託者兼受益者が健全な間は委託者自身が留保権限により受託者に対する監督権を維持し，その委託者の判断力喪失後又は死亡後は，保護者が委託者及び受益者に代わって受託者に対する監督権を行使する，というものである。保護者には弁護士等の専門家が就任する場合もあるし，委託者の家族や友人（場合により受益者の一人）が就任する場合もある。

保護者は，例えば，Trust の準拠法の変更，受託者の選任解任，受益者の変更及び排除など，Trust の根本設計にかかわる変更について，受託者の権限行使に際して拒否権（同意権）を持ったり，指示権を持つことができる。保護者により，受託者による信託財産の処分権限・管理権限を適切にコントロールすることができ，委託者は安心して信託設定ができる。

保護者の制定法上の規定がない法域では，Letter of Wishes により，裁量的信託における受託者の行為をコントロールする。概して保護者を任命できる法

域（バハマ，BVI 等）の方が，より委託者の保護に厚く，委託者にとって有利な Trust 法であるといえる。

2 委託者（Settlor）の権限留保についての各 Trust 法の規制にも注意を要する

なお保護者の議論と類似するが，各法域の Trust 法では，信託設定後に委託者が留保できる権限（Reserved Rights）の範囲についても異なる規定をしている。例えば香港法では，委託者は，受託者による管理権限（43参照）に対して，委託者は同意権や指示権を留保できるものの，処分権限（43参照）については留保できないものとしている。他方，委託者が Trust の準拠法の変更，受託者の選任解任，受益者の変更及び受益権の分配方法の指定などについて受託者の権限行使に対する同意権や指示権を留保できるなど，委託者による広範な権限留保を許す法域もある。一般論として，保護者の存在を制定法上認めている法域は，委託者の留保権限を広く認める傾向が強いようである。

3 小 括

以上のとおり，Trust では信託契約の規定の仕方により，信託設定後も委託者（兼受益者）が受託者に対する監督・支配を維持したり，自らの判断力喪失後や死後に受託者に対する監督を保護者に任せることができる法域があるなど，多様な設計が可能である。したがって，信託契約の作成にあたっては，英米法の各法域の Trust 関係法を比較して，よりニーズに合った法域を選択し，適切に信託契約を設計すべきことになる。

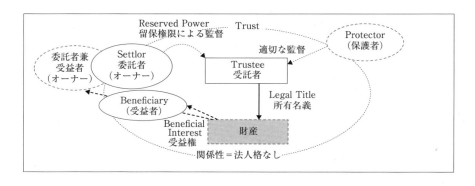

46 国外の信託（Trust）の受託者を 誰に頼むべきでしょうか？

■ ポイント

1　国外の受託者（Trustee）サービス提供主体の種類
2　委託者自身の独自アドバイザー（法務・税務）の起用が必要

■ 解　説

1　国外の受託者（Trustee）サービス提供主体の種類

　具体的に Trust を設定する場合，まず，受託者（Trustee）業務を引き受ける機関を探さねばならないが，主なサービス提供主体は次の3種類である。

　①　プライベートバンク等の金融機関系のトラスティ会社
　②　受託者（Trustee）業務を提供している独立系のトラスティ会社
　③　BUI，ケイマン諸島等の Offshore 法の法律事務所系のトラスティ会社

　プライベートバンク等の金融機関系のトラスティ会社の場合，既存顧客向けのサービスの一環として Trust の設立を行う。その場合，系列のトラスティ会社が所在する国（法域）から Trust の設立地（設立準拠法）を選択することになる。独立系のトラスティ会社や法律事務所系のトラスティ会社を利用する場合，それぞれが独自に取り扱える Trust の法域が決まっている。このため，事前にどの法域に Trust を設立するかを決めている場合や，いくつかの法域を比較した上で Trust を設立することを検討している場合，独立系のトラスティ会社や法律事務所系のトラスティ会社が利用しやすい。それぞれのトラスティ会社を比較した場合の特徴は下記表のとおりである。

	メリット	デメリット
金融機関系 トラスティ会社	・信頼性が高い。 ・永続性がある。	・設立・運営について迅速性・柔軟性に欠ける。
独立系 トラスティ会社	・ニーズに合った法域を選べる。 ・個別ニーズに対応しやすい。	・会社ごとのクオリティの差がある。 ・小規模な会社だと信頼性・永続性に不安がある。
法律事務所系 トラスティ会社	・ニーズに合った法域を選べる。 ・法務・税務のアドバイスを受けやすい。	・法律事務所ごとのクオリティの差がある。 ・担当者（弁護士）が変わることがよくある。

100

なお，受託者業務の費用については各機関ごとに個別で定めているため，特に一律の規準はないが，一般的にセットアップ時に1-2万米ドル，維持費に年間1-2万米ドル程度とするところが多いようである。

なお，米国で外国口座税務コンプライアンス法（FATCA）が導入されたことにより，非米国系の金融機関が，米国市民，米国居住者等の米国と関係を有する個人（USパーソン）を取り扱うことに伴う手続負担が増加している。この結果，非米国系の金融機関はUSパーソンがかかわるTrustの設計を事実上引き受けない傾向がある。したがって，金融機関系のトラスティ会社を選択するにあたっては，家族や受益者にUSパーソンが含まれるかどうかに従い，米国系か非米国系かを選択することになる。

2 委託者自身の独自アドバイザー（法務・税務）の起用が必要

いずれのトラスティ会社を利用するにあたっても，通常は，依頼者側のニーズを聞いてトラスティ会社側の弁護士（社内弁護士等）が信託契約のファーストドラフトを作成することになる。締結完了までに，何度もトラスティ会社による説明を受けて信託契約を締結するが，上記弁護士はあくまでトラスティ会社（受託者）の社内弁護士という立場上，どうしても依頼者側の利益を十分に汲み取れないことがある。したがって，可能な限り，トラスティ会社（受託者）側の社内弁護士とは別に，依頼者（委託者）自身のための独自の弁護士を雇用して信託契約の内容を検討すべきである。また，信託設定及び運営に関する税務問題についても，トラスティ会社は，通常依頼者自らが独自の専門家による税務アドバイスを取得することを要求する。

したがって，適切なTrustの設計にあたっては，トラスティ会社を選択することと並んで，委託者側の立場でアドバイスできる法務・税務の独自アドバイザー（弁護士・会計士・税理士等）を用意することが必要になる。なお，日本人が国外にTrustを設立する場合，日本の税法はもとより，信託財産所在地，委託者，受益者及び保護者の居住地等，各要因に起因する各法域の税務上の論点検討が必須となる。しかもTrustは委託者の死後も長期間存続することが多いため，将来的に受益者の居住地等が変わることもあり得る。これらの複雑な要素を事前に十分勘案することが必要であるため，**日本国内外の税務に通じている専門ファームを起用することが極めて重要である。**

第3章　財団・信託を利用した資産管理と相続ポイント　**101**

47 ケーススタディ
(国外信託（Trust）設計のシミュレーション）

■ ポイント

1 国外に信託（Trust）を設立するにあたり検討すべき順序
2 有事（死亡や判断力喪失等）の際の具体的対応の重要性

■ 解 説

1 国外に信託（Trust）を設立するにあたり検討すべき順序

すでに述べたとおり，実際に Trust を設計するにあたって法務・税務の独自アドバイザーを起用することは必要だが，信託（Trust）設定にあたって検討すべき事項及び検討順序の参考を示すと下記のとおりとなる。

(1) トラスティ業者の選定及び Trust の場所（準拠法）の決定

金融機関の顧客網の広さから，金融機関系のトラスティ会社が利用されるケースが多い。しかし，一般論として金融機関系のトラスティ会社は内部コンプライアンス部門の判断が慎重で手続に時間がかかり，その上受託者業務の運営上も柔軟性に欠ける傾向がある。また，金融機関系のトラスティ会社は Trust を設立できる法域の選択肢が限られる場合が多い。迅速性を求めたい場合や，特定の法域の Trust の利用を希望する場合，受託者業務を外部のトラスティ会社にしつつ，口座管理業務のみを金融機関に任せるといった選択肢もある。

(2) Trust に入れる財産，入れない財産の振り分け

必ずしもすべての財産を Trust に入れる必要はない。一定の権限留保や判断力喪失時の対応が可能であるとしても，信託された財産は自己名義の現預金等に比べると相当程度流動性が劣るため緊急的な活用ができない場合もある。したがって，どの財産を Trust に入れ，どの財産を入れないかの検討が必要である。Trust に入れない財産については，別途相続手続を見据えた準備も必要となる。1つの考え方として，プロベートを要する（相続手続が面倒な）英米法圏の財産をなるべく Trust に入れ，比較的相続手続が簡便な日本の国内財産は信託に入れずに国内遺言で手当てする，ということがある。

102

(3) 誰を受益者とするか。分配方法はどうするか

　信託設定者（委託者兼受益者）以外の受益者を誰にするか，及びいつから受益を開始するか，という点はまさに税務上の問題になる。トラスティ会社が顧客向けに提供する Trust は税務上のニーズをカバーするために設計されている場合が多いが，税務の問題は各受益者の居住地や国籍等の個別事情によって異なるため，一般論では解決できない。この点については独自アドバイザーによる十分な検討が必要である。

(4) 委託者（保護者）にどの程度権限留保するか

　信託契約においてなるべく権限を留保しようとする場合，委託者及び保護者の留保権限内容は Trust 準拠法によって制約を受けることになる。また，保護者を設定する場合，保護者の所在地が Trust の管理地（Administration）として税務上の問題を惹起することもある。

2　有事（死亡や判断力喪失等）の際の具体的対応の重要性

　Trust を設定する委託者兼受益者が健全なうちは信託の運営についてあまり問題が生じることはない。しかし当初の委託者兼受益者が判断力を喪失したり死亡すると，その家族がトラスティ会社と直接連絡を取って受益の開始手続等をしなければならない。事情を知らない家族がトラスティ会社とやり取りする場合，英語等でのコミュニケーション等において支障が生じやすい。したがって，有事の際に何が起こるのかを確認し，可能な限り明確に信託契約の中で適切に規定しておくことが望ましい。場合によっては自らの独自アドバイザーなどの専門家をトラスティ会社と家族の間の連絡担当にあらかじめ指定しておく等の対応をすべきこととなる。

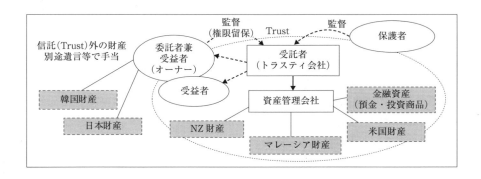

48 公益財団とは具体的にはどういうものでしょうか？

■ ポイント

1　公益財団の制度概要
2　公益財団は「実」を捨てて「名」を残すものである

■ 解　説

1　公益財団の制度概要

　財産散逸防止の目的で資産を個人所有から切り離すため，財団が資産管理の一手段として利用されることがある。ここでは，財産を拠出する寄付者にとって税務上優遇的な取扱いを受けられる公益財団法人について記載する。

　公益財団法人は，組織法である一般社団法人及び一般財団法人に関する法律によって設立された「財団法人」のうち，公益社団法人及び公益財団法人の認定等に関する法律に基づき「公益認定」を受けたものである。

　公益財団は，学術，技芸，慈善その他公益認定法の規定する「公益目的事業」を主たる目的とせねばならず，設立にあたり内閣総理大臣又は都道府県知事（「行政庁」）から公益認定を受けねばならない。設立後は行政庁に対する定期的な報告義務があり，運営内容についても行政庁の監督を受ける。

　運営にあたって費用の一定割合（50％）以上を公益目的事業のために支出せねばならず，かつ，遊休財産額が公益目的事業の実施費用を超えてはならない。また，公益目的との関係で理事等の関係者に不当に高額な報酬を与えてはならず，報酬支給基準を公表せねばならないとされる。

　公益財団法人の組織上の主な機関としては，３人以上の理事からなる理事会（会社でいうところの取締役会に相当）と３人以上の評議員からなる評議員会（同株主総会に相当），監事及び会計監査人がある。なお，評議員会を構成する各評議員は財団と委任関係にあって善管注意義務を負うため，厳密には会社の所有者である株主とは法的な位置付けが異なる。さらに理事については，理事総数の３分の１以上を三親等以内の親族関係者等で占めることはできないとさ

れており，たとえ設立者（寄付者）であっても財団幹部を一族で固めて身内の
みで支配することはできない。経理に関しては，独立した会計監査人による会
計監査報告書の作成が義務づけられ，財産目録等の行政庁に対する提出義務，
一般閲覧に供する公開義務がある。さらに，大規模公益財団は貸借対照表等を
公告（インターネット可）せねばならない。

2　公益財団は「実」を捨てて「名」を残すものである

以上を概観すると，公益財団は，

① 理事等役員を親族で占めて一族支配をしたり，役員報酬等の形で身内利
益を図ることはできず

② 収支は一般公衆（特に行政庁）に対してガラス張りで，

③ 支出は基本的に公益目的事業に関するものに制約され，かつ

④ 理事，評議員等多数の機関構成員の報酬を負担せねばならず，高い維持
コストがかかる組織形態である。

といえる。公益財団を設立するには，上記各種事務や維持費の負担をカバーせ
ねばならないため，一定以上の収益を期待できるかなり大規模な財産を寄付す
ることが必要になる。具体的な運営についても，理事や評議員の人材確保や公
益目的事業遂行等のノウハウが必要であるため，財団運営に通じた税理士等専
門家の支援も不可欠である。したがって，私人の設立による公益財団は，例え
ば上場企業や閉鎖大企業の創業者大株主や，代々の資産家等が非常に大規模な
財産を寄付する場合など，特定の富裕層向けの選択肢の1つであるといえる。

先述のとおり，公益財団に寄付した財産はもはや個人資産ではなくなり，個
人の私益のためには使えない。しかし，創立者（寄付者）は財団の理事（代表
理事）として財団の運営に深く関与できる。また，公益目的の範囲では設立者
の意思は死後も尊重され，財団に創立者の名前を付けることもできる。さらに
創立者の死後も家族らが理事となって，いわば創立家代々の家族事業として関
与することもでき，他の理事もそのような家族の意思を尊重するであろう。

このように，財団は，個人の社会への貢献を名や形として子孫及び将来社会
に残す，いわば「実」と捨てて「名」を残すもの，といえる。

第3章　財団・信託を利用した資産管理と相続ポイント　　105

49 国外の財団（Foundation）とは どういうものでしょうか？

■ ポイント

1 高税率国で資産管理と慈善活動（Charity）の手段の1つとして作られる
2 米国の財団（Foundation）の概要

■ 解 説

1 高税率国での資産管理と慈善活動（Charity）の手段の1つとして作られる

日本の財団に相当する概念として国外には「Foundation」という組織がある。香港，シンガポール等の低税率国であればそもそも相続税がかからないため，あえて財団に寄付等をせずとも相続税等による資産散逸の心配はないため，資産管理として財団が使われることはない。したがって，資産管理の文脈で財団が利用されるのは，どちらかといえば相続税等の税率が高い国が中心になる。以下では日本の（公益）財団との比較で，米国の財団，特に非課税メリットが受けられる私的財団（Private Foundation）について概観する。

2 米国の財団（Foundation）の概要

米国で非課税メリットが受けられる慈善団体の類型は，大きく分けて①Public Charity ② Private Foundation の2つがある。① Public Charity は広く公衆から寄付を募るものであり，小グループの寄付者からの寄付で設立する私設の慈善団体は② Private Foundation となる。

米国の非課税財団（Private Foundation）も基本的には日本の公益財団と類似している。

米国は連邦法（連邦税）と州法（州税）の二重主権となっているため，財団について非課税認定を受けるプロセスも二段階必要である。

まず，組織としての財団の設立は各州法の所管分野であるため，各州の会社法に基づいて非営利法人（Non Profit Corporation）等として財団を設立する。

106

その上で，連邦税の非課税要件を規定する連邦法（Inland Revenue Code, §501
(c)(3)），及び各州法の定める非課税要件を満たすことにより，それぞれの税
務当局から非課税措置を受けることになる。

　非課税とされるには，財団の目的が宗教，貧困対策，教育等のいわゆる慈善
目的に限定されねばならない。政治・プロパガンダ・ロビー活動は慈善目的に
含まれないことが明確にされている。慈善目的以外の活動を行うと非課税の地
位を失う。

　組織構成は，米国の会社の機関に準拠しており，Officer（執行役）と，Officer
を監督する Director（理事）の二層の役員構成となっている。また，支出にお
いてこれら役員の報酬が不当に高くなってはならない，という制限もある。会
計士による財務諸表（Financial Statement）の作成が必要であること，Annual
Information Return 等一定の情報を公衆の閲覧に供する公開義務があること，
連邦・州政府に対する一定の報告義務やこれらの調査に服する等，行政による
一定の監督に服する点は日本の公益財団と共通する。

　日本の公益財団と米国の財団（Private Foundation）の**最大の違い（難点）は，
非課税を維持するため，一定額以上の支出が求められる点**である。すなわち
Private Foundation のうち，自ら公益事業を行う Private Operating Foundation
は，毎年「総資産」の３と３分の１％（3.3333...％）以上を慈善目的のために支
出しなければならない。Private Operating Foundation となれば自ら主体的な
慈善活動を行えるほか Public Charity に準じた高い免税メリットを享受できる。

　上記を満たさない場合，Private Grant-Making Foundation と分類される。
これは基本的には自ら事業を行わず慈善団体に対する資金拠出を目的とした財
団であり，免税メリットは Private Operating Foundation よりも劣ることに
なる。なお，Private Grant-Making Foundation の支出要件はさらに厳しく，
毎年「総資産」の５％以上を慈善目的のために支出しなければならない。

　上記のとおり，米国の財団は日本の公益財団と類似点も多いが，財産固定化
防止のため一定割合以上の支出を強制され，日本の財団より厳しい条件が課さ
れている。設立者自身が米国に居住しているとか，場所として米国内で慈善活
動を行いたい場合においてのみ利用されるものといえる。

第３章　財団・信託を利用した資産管理と相続ポイント　107

50 資産管理において，信託・財団を利用する場合に考えるポイントは何でしょうか？

■ ポイント

1 税務上の観点以外にも考えるべきポイントがある
2 資産の全体構成の中で信託・財団をどのように位置づけるかが重要

■ 解　説

1 税務上の観点以外に考えるポイントがある

　資産管理と相続を考える場合，相続税・贈与税等をいかに減らすかという税務上の観点を考慮することは確かに重要である。しかし，税務のほかになお考慮せねばならない重要な問題として，次の2つがあると考える。

① 自己の死亡や判断力喪失という不測の事態においても財産を凍結させることなく，次世代の家族が簡易・迅速に資産管理を引き継げること

② 一定の重要な資産を，相続税納税のために売却・散逸されることなく次世代に伝えること

　現在，税務上の負担軽減策には色々な手法が紹介されているが，税制は常に変化している。日本人の国外財産について相続税・贈与税が課税されないための非居住者期間の要件が2017年に従来の5年から10年に延ばされたように，ある時点では適切な税務対策が将来にわたり常に適切である保証はない。日本の税制改正の頻度からすると，税負担を軽減しようとする税務対策においては，将来長期間にわたって確実な対策を講じることは難しい。

　他方，「いつか確実に生じる死亡」による相続や「生じる可能性の高い判断力喪失」における資産凍結は，信託や Trust 等を駆使することにより確実に回避できる。この点は税制と異なって頻繁な制度変更がないため，将来長期間にわたって確実な対策となり得る。また，必要な税務対策を施してもなお相続税額が巨大になる場合には，財団へ寄付するなどして個人資産から切り離すことにより，相続税や相続手続，成年後見とは無縁の資産とすることができる。

108

2　資産の全体構成の中で信託・財団をどのように位置づけるかが重要

　税務の負担は別として，①資産の簡易・迅速な承継という観点からすると，国外資産のプロベート等の相続手続は確実に避けねばならない問題である。このため，国外に多額の資産を保有する場合，国外の信託（Trust）を検討することが必要である。なお，複数の外国に資産が分散する場合，本章の39で示したとおり，1つの統括的な資産管理会社の下に各国の資産（あるいは資産管理会社）を保有させ，相続手続を1か所に限定することも相続手続簡略化の1つの手段となる。国内資産についてはプロベートが不要であるため相続手続の負担が必ずしも重くない。したがって信託によらずとも遺言や遺産分割協議で事足りる可能性がある。自らの判断力喪失による国内資産凍結の予防のためや，高齢な親族や障害のある家族の福祉のためといった具体的な必要がある場合にのみ，国内財産についての信託を検討すれば事足りる。

　なお，現在の日本の税制においては信託設定しても相続税等の税務負担軽減にはならないとされる。したがって，相続税等の負担が巨大になる場合，非常に稀な例ではあるが，公益財団に寄付することにより一部の財産を個人資産から切り離す，という方策も検討することになる。確かに公益財団に寄付した資産は個人資産ではなくなるため，自らの私益のためには使えなくなる。しかし，財団を通じて自らが設定する公益目的のために資産を活用することが可能であり，ある意味で税としてその使い道を国に任せ切ってしまうよりも積極的・能動的な社会貢献を可能にする。これらの資産管理の目的との関係で，信託，財団の利用価値を位置づけ，いかに活用するかを検討することが望ましい。

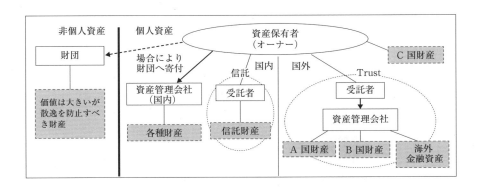

第4章

事業承継に関連する
資産管理ポイント

51 企業価値を損なわない事業承継

■ ポイント

事業承継の概要

- 事業承継には，①経営者の親族が承継する親族内承継，②経営者の親族以外の社内の役員・従業員が承継する親族外承継，③第三者に会社・事業を売却するM＆Aがある。
- 円滑な事業承継のためには事業承継税制などの国が進める諸施策の活用が肝要である。

■ 解　説

1　事業承継の３つ方法と留意点

　中小企業の事業承継では，まず経営者の子や親族などに会社の経営を承継させる親族内承継が思い当たるところであるが，近時は，経営者と親族関係にない役員や従業員を後継者とする親族外承継や社外の第三者に会社や事業を譲渡する方法によることも少なくない。

　企業価値の維持という観点から，親族内承継・親族外承継のいずれであっても，経営上の重要事項について機動的な意思決定を可能とするため，経営者から後継者への株式の承継をいかに集中させることができるかという点に留意が必要となる。この点，それを阻害する要因として，多額の贈与税・相続税の発生，後継者以外の相続人からの遺留分請求による資産の散逸，事業承継に必要な資金の不足（株式等の買い取り資金など）などが想定される。他方で，経営者において親族内又は会社内に後継者を見出すことが困難となれば第三者に対して会社の経営権を承継することが選択肢となるが，この際にはいかに会社を高く売却できるかという点に加えて，売主の責任を限定するためにM＆Aにおける取引条件や売却手法が検討されることになる。

　これらの検討課題の解決のためには専門的な知識や経験が求められるところも多く，必ずしも経営者自身が詳細を知っておくべき必要はないが，問題の所

在を認識するために，事業承継にかかわる会社法や民法（相続法）の概要や贈
与税・相続税の仕組みを把握することは有益である。また，第三者に対するM
＆Aにおいても外部専門家に完全に任せきりになるのではなく，取引過程の要
所では経営者が自ら意思決定することができるよう，M＆Aの各手法の得失や
企業価値算定の基本的な考え方を知っておくことが有用である。

2　円滑な事業承継のための諸施策の活用

　中小企業庁では，2017年，今後5年間で30万人以上の中小企業の経営者が70
歳になるにもかかわらず，6割が後継者未定であり，70歳代の経営者でも事業
承継に向けた準備を行っている経営者は半数にとどまる一方で，経営者の高齢
化が進むと，企業の業績が停滞する可能性が高くなるとの問題意識の下，同年
から今後5年程度を事業承継支援の集中実施期間とする「事業承継5ヶ年計
画」を策定し，下記の5つの施策を掲げている。

① 　経営者の「気付き」の提供：事業承継プレ支援のプラットフォームの構
　築

② 　後継者が継ぎたくなるような環境の整備：早期承継のインセンティブ強
　化

③ 　後継者マッチング支援の強化：小規模M＆Aマーケットの形成

④ 　事業からの退出や事業統合等をしやすい環境の整備：サプライチェー
　ン・地域における事業統合等の支援

⑤ 　経営人材の活用：経営スキルの高い人材の事業承継支援へ活用

　かかる諸施策の具体的な取り組みとして，親族内・外の事業承継を進める非
上場株式等についての贈与税・相続税の納税猶予及び免除（事業承継税制）に
関する「中小企業における経営の承継の円滑化に関する法律」（経営承継円滑
化法）及び租税特別措置法の改正などがある（経営承継円滑化法について**52**，
事業承継税制について**58**～**60**参照）。

第4章　事業承継に関連する資産管理ポイント　　113

52 経営承継円滑化法の概要

■ ポイント

経営承継円滑化法の概要
- 経営承継円滑化法は，中小企業の事業承継を総合的に支援することを目的に，①遺留分に関する民法の特例，②事業承継のための金融支援，及び③事業承継税制という3つの支援措置を講じている。

■ 解 説

1 経営承継円滑化法が講ずる支援措置

　中小企業の事業承継を総合的に支援する経営承継円滑化法は，中小企業における経営の承継の円滑化を図り，もって中小企業の事業活動の継続に資することを目的として以下の支援措置を設けている。

① 遺留分に関する民法の特例

② 金融支援（中小企業信用保険法の特例，日本政策金融公庫法等の特例）の前提となる認定

③ 税制支援（贈与税・相続税の納税猶予及び免除制度〔事業承継税制〕）の前提となる認定

　①及び②の制度概要は後記2，3のとおりである（なお，③については58〜60参照）。

2 遺留分に関する民法の特例

(1) 目 的

　経営者の相続に際して推定相続人が複数いる場合，後継者に会社の株式を集中して承継させることを企図しても，民法が定める遺留分を侵害された相続人から遺留分に相当する財産の返還を求められることにより，株式が分散してしまうなど，円滑な事業承継が阻害されることがあり得る（遺留分制度については54参照）。そこで，経営承継円滑化法は，後継者を含めた経営者の推定相続

人全員の合意の上で，経営者から後継者に贈与等された株式について他の相続人に分散するリスクを未然に防ぐことを可能にしている。かかる合意の方法として，①遺留分算定基礎財産から除外する合意（除外合意），及び②遺留分算定基礎財産に算入する価額を合意時の時価に固定する合意（固定合意）の2つがある。

(2) 制度概要

ア 制度利用の要件

遺留分に関する民法の特例は以下の要件を満たした上で推定相続人全員及び後継者が合意して，経済産業大臣の確認及び家庭裁判所の許可を受けることが求められる。

- 対象となる会社：合意時点において3年以上継続して事業を行っている非上場の中小企業者であること。
- 現経営者：過去又は合意時点において会社の代表者であること。
- 後継者：合意時点において会社の代表者であり，現経営者からの贈与等により株式を取得したことにより，会社の議決権の過半数を保有していること。なお，推定相続人以外の者も対象となる。

イ 除外合意

除外合意とは，後継者が経営者から取得した株式がある場合には，この株式の全部又は一部を遺留分算定の基礎財産に算入せず，遺留分減殺請求の対象としないという推定相続人間の合意をいう。民法でも遺留分の事前の放棄のための手続はあるが，推定相続人が個々に家庭裁判所に申立てを行うため，裁判所の許可・不許可の判断がばらつくおそれがあることから，画一的な取扱いがなされることを担保するために設けられたものである。

ウ 固定合意

固定合意とは，遺留分を算定するに際して，後継者が贈与等によって取得した株式の全部又は一部の価額を合意のときにおける価額とする推定相続人間の合意をいう。これは，通常，遺留分の算定は相続開始時の価額で評価されることから，経営者から株式の贈与を受けた後に後継者の努力によって会社の企業価値を増大させたとしても遺留分の負担がかえって重くなるという事態を回避するため，合意時の価額に固定させることを認めたものである。なお，合意時の価額が恣意的なものとなることを防止するため，合意された価額が，合意時

における相当な価額であるとの税理士，公認会計士，弁護士等による証明が求められている。

3 金融支援制度

　事業承継に伴い多額の資金ニーズ（自社株式や事業用資産の買取資金，相続税納税資金等）が発生することや，経営者の交代による信用力低下から取引・資金調達等に支障が生じることなどによって資金繰りが悪化することがある。また，親族外承継を行う際には，後継者となる役員・従業員等が経営者から株式を買い取るための資金を調達する必要がある。そのような場合に備えて，経営承継円滑化法は，一定の要件を備えることによって，経済産業大臣の認定を受けることで，①中小企業信用保険法に規定されている信用保険の別枠化による信用保証の枠の拡大，及び②株式会社日本政策金融公庫等による低利の貸付けを利用することを可能とする金融支援措置を講じている。

53 事業承継で意識すべき会社法の制度

■ ポイント

事業承継と株主の権利

- 事業承継する上で重要なことは，後継者が，他の株主からの制約なく，会社の意思決定をできるように株式（議決権）を集中させることである。
- 株主の権利には一株でも保有していれば行使できる権利（単独株主権）と一定数の株式を保有しなければ行使できない権利（少数株主権）がある。
- 少数株主からの株式の買取制度（特別支配株主の株式等売渡請求制度）の活用も考えられる。

■ 解 説

1 単独株主権・少数株主権

会社法が定める主な単独株主権及び少数株主権は以下のとおりである。総株主の議決権又は発行済株式の３％を保有（単独である必要はなく，共同でも構わない）していれば，ほとんどすべての少数株主権を行使できることになる。

保有株式数・議決権数	株式の保有期間	株主権の内容
単独株主権	なし	剰余金配当請求権，残余財産分配請求権
		株主総会における議決権
		株主名簿，株主総会議事録，取締役会議事録，計算書類等の閲覧・謄写請求
		募集株式の発行等の差止請求
		株主総会の決議取消しの訴え
		組織再編行為の差止請求
		会社の組織に関する行為の無効の訴え
	６か月間※	取締役の違法行為の差止請求
		株主代表訴訟の提起

第４章 事業承継に関連する資産管理ポイント　117

議決権総数の1％以上	6か月間※	株主総会の検査役の選任請求
議決権総数の1％以上 or 300個以上の議決権（取締役会設置会社のみ）		議案の要領の通知請求
		株主総会における議案提案権
議決権総数の3％以上		株主総会の招集請求
議決権総数の3％以上 or 発行済株式総数の3％以上	なし	業務執行に関する検査役の選任請求
		会計帳簿の閲覧・謄写の請求
議決権総数の3％以上 or 発行済株式総数の3％以上	6か月間※	役員解任の訴えの提起請求
議決権総数の10％以上 or 発行済株式総数の10％以上	要件なし	会社解散の訴えの提起

※公開会社（定款の定めで株式の譲渡制限を設けていない会社）のみの要件である。

2 株主総会決議事項の決議要件

株主総会の決議事項は，会社や株主に与える影響の程度に応じて以下のとおり決議要件を定めている。会社の事業に重要な影響を与える合併などの組織再編や事業譲渡，定款の変更などは特別決議事項とされていることから，後継者には少なくとも総議決権の3分の2以上を承継させるように試みるべきである。

	決議要件	決議事項
普通決議	議決権を行使することができる株主の議決権の過半数を有する株主が出席し，出席した当該株主の議決権の過半数の一致	取締役・監査役の選任，取締役の解任，剰余金の配当等
特別決議	議決権を行使することができる議決権の過半数を有する株主が出席し，出席した当該株主の議決権の3分の2以上の一致	合併・会社分割等の承認，事業譲渡，定款変更，監査役の解任，解散，特定株主からの自己株式の取得，相続人への譲渡制限株式の売渡請求等
特殊決議	議決権を行使することができる株主の半数（頭数）以上であり，当該株主の議決権の3分の2以上の一致	発行する全株式を譲渡制限株式にする決議等
	総株主の半数（頭数）以上であって，総株主の議決権の4分の3以上の一致（非公開会社のみ）	剰余金の配当，残余財産の分配，議決権について株主ごとに異なる取扱いを定める定款の変更（属人的株式の導入）

3 少数株主からの株式取得の方法

会社法の制度を活用して少数株主から経営者が株式を取得する方法として，①特別支配株主の株式等売渡請求制度，②株式併合スキーム，③全部取得条項付種類株式スキームの利用が考えられる。もっとも，これまで利用されることが多かった上記③の方法は，近時の会社法改正によって上記②の方法の法的な安定性が確保されるようになったことから，今後は手続がより簡便な上記②の方法によることで足りると思われる。

特別支配株主の株式等売渡請求制度は，支配株主（議決権の90％以上保有）が会社の取締役会の承認を得た上で，他のすべての株主に保有する株式の全部を売り渡すよう請求する制度である。他方で，株式併合スキームは，株式併合後の少数株主の保有する株式数を1株未満とする併合割合の株式併合を株主総会で決議（特別決議）することによって，裁判所の許可を得た上で大株主又は会社が少数株主から1株未満の株式を買い取る方法である。株式併合スキームに比べて特別支配株主の株式等売渡請求制度にかかる手続は簡便であることから，経営者の株式の議決権割合が90％以上であれば後者の方法を活用して少数株主からの株式取得の要否を検討することになる。

54 事業承継で意識すべき民法（相続法）

■ ポイント

相続による事業承継で意識すべきポイント
- 相続時の推定相続人・法定相続分を整理することが肝要である。
- 遺留分により後継者への株式の集中が妨げられないよう計画する必要がある。

■ 解　説

1　事業承継と相続

後継者への事業承継では，後継者に会社の株式を集中して承継させることが重要となるが，そのための主な方法として，経営者から後継者への生前の売買・贈与と遺言による相続・遺贈が考えられる。この点，兄弟姉妹以外の法定相続人は，最低限，一定割合の相続財産を取得する権利が遺留分として保障されるため，後継者へ株式を集中させることの障害とならないよう対策が必要となる。このように，相続の機会を用いて事業承継を図る場合には民法の相続に関する制度を意識しておく必要がある。

2　推定相続人の特定

相続人となる者（推定相続人）は，配偶者と一定の血縁関係者にある者である。配偶者は，常に相続人となるが，血縁関係者は相続人となる者の順位が定められている。
　　第1順位　直系卑属…子，孫，ひ孫
　　第2順位　直系尊属…両親，祖父母
　　第3順義　兄弟姉妹
直系卑属では，子が死亡していても孫がいれば相続人となる代襲相続が認められるが，直系尊属は代襲相続が認められていない。直系卑属も直系尊属もいなければ兄弟姉妹が相続人となり，兄弟姉妹が死亡していてもその子がいれば

120

相続人となる。ただし，その子も死亡している場合，兄弟姉妹に孫がいてもその孫は相続できない。

3 法定相続分の計算

法定相続分は，いずれの順位の血縁関係者が相続人となるかによって異なる。

直系卑属が相続した場合…配偶者　2分の1　直系卑属　2分の1
直系尊属が相続した場合…配偶者　3分の2　直系尊属　3分の1
兄弟姉妹が相続した場合…配偶者　4分の3　兄弟姉妹　4分の1

同順位の相続人が複数いる場合には頭数で相続分を分けることになる。養子，養父と実子，実父で相続分は異ならず，また，婚姻関係ある子であるか否かによっても変わらない。

4 遺言による事業承継

相続によって後継者に対し事業承継を円滑に行うためには，株式や事業用資産を後継者に集中して後継者に相続させる旨の遺言を作成しておく必要がある。また，後継者が相続人以外の者である場合には，相続によって株式等を承継させることはできないため，遺言によって遺贈することになる。遺言の方法はいくつかあるが，事業承継の確実な遂行のためには，特に法的な安定性が高い公正証書遺言（公証人が作成する公正証書により作成する遺言）の方法によるべきである。

5 遺留分対策

兄弟姉妹以外の法定相続人は，最低限，一定割合の相続財産（原則として法定相続分の2分の1）を取得する権利が遺留分として保障されている。遺留分の算定の際には，相続時の財産のほか，被相続人（経営者）が相続開始前の1年間に贈与した財産や相続人に対し婚姻，養子縁組のため，又は生計の資本として贈与した財産（特別受益に該当するもの。期間制限はない）などを加算することになる。

遺言による遺贈，特定の資産の相続や生前の贈与によって遺留分が侵害された法定相続人は，遺留分を侵害した遺贈などを特定して遺留分減殺請求権を行使できる。これによって，遺留分が侵害された範囲で遺贈や贈与は効力を失い，

第4章　事業承継に関連する資産管理ポイント　121

減殺請求した者に帰属することになることから，遺言によって後継者に株式や事業用資産を集中して相続させる場合には，事前の遺留分対策が求められる。

　その具体的な方法としては，①家庭裁判所の許可を得て，相続開始前に遺留分の権利者に遺留分を放棄させる方法，②遺留分相当額の財産を相続人に遺贈等によって与える方法（減殺請求された場合，現物返還の代わりにそれに相当する金銭の支払（価額賠償）も可能なため，そのための資産を後継者のために用意しておくことも考えられる），及び③遺留分に関する民法の特例を利用する方法（**52**参照）が想定される。

平成30年相続法改正

　2018年7月，相続に関する民法等の規定（相続法）を改正する法律が成立した。当該改正は，高齢化社会の進展により老老相続が増加し，特に高齢となりがちな残された配偶者の生活に配慮する必要性が高まったことなどを踏まえた，約40年ぶりの相続法の大きな見直しとなる。特に注目される点として遺留分制度の改正がある。従前，遺留分減殺請求の対象とされた財産は遺留分を侵害している限度で原則として権利者に返還することを要し，金銭の支払（価額弁償）による解決は例外的な扱いとされていたが，改正法では遺留分侵害額に相当する金銭の支払のみを請求できることとされた。これまでも価額弁償も認められていたが，株式や事業用不動産の共有関係が生じなくなることから，より権利関係の処理が容易になるといえる。また，遺留分の計算に算入される生前贈与（特別受益に該当するもの）は，相続開始前10年間に限って考慮することとされたことから，早期の生前贈与を促すものとして事業承継を後押しするものと思われる。

　当該改正は，原則として，2019年7月1日に施行される。

---

55 相続税の基礎

■ ポイント

相続税の基礎
- 相続税は，相続や遺贈によって取得した財産などの合計額が基礎控除額を超える場合にその超える部分に対して課税される。
- 基礎控除額は3,000万円＋600万円×法定相続人の数である。
- 相続人の相続税の総額は，遺産総額が法定相続分で分割されたとみなして計算した金額の総額となり，相続税はこれを実際に取得した遺産額に応じて按分した額となる。

■ 解　説

1　相続税と事業承継

経営者が亡くなった際，後継者に承継する会社の株式の評価額が高額となる場合，ほかに資金化が容易な相続財産が不足し，相続税の納付のために当該株式を売却せざるを得ない事態が生じ得る。そのため，後継者への事業承継を行う場合には相続税の検討が不可欠であり，相続税の大まかな仕組みを理解しておくことは重要である。

2　相続税の概要

(1)　相続税の算定の大枠

相続税は，相続や遺贈（贈与者の死亡によって効力を生じる贈与契約を含む）によって取得した財産及び相続時精算課税の適用を受けて贈与により取得した財産の価額の合計額（債務などの金額を控除し，相続開始前３年以内の贈与財産の価額を加算）が基礎控除額を超える場合にその超える部分（課税遺産総額）に対して課税される。計算過程は後記(2)，(3)のとおりである。

(2)　課税財産の範囲・課税価格の計算

相続税が課税される財産は，相続開始時において被相続人が所有していた財

第４章　事業承継に関連する資産管理ポイント　123

産で，相続又は遺贈を原因として，相続人又は遺贈を受けた受遺者が取得した
ものをいう。これには，被相続人が保険料を負担していた被相続人を被保険者
とする生命保険金や被相続人の死亡による退職手当金などもみなし相続財産と
して課税財産に含まれる（ただし一定額までは非課税となる）。

　相続税は課税価格の合計額に応じて課されるが，これは，各相続人・受遺者
が取得した財産の価額（相続時の時価）及び相続時精算課税の適用を受けるも
のの価額（贈与時の時価）の合計額から，被相続人の債務や葬儀費用などを控
除し，被相続人からの3年以内の贈与財産の価額（贈与時の時価）を加算して
計算した各人ごとの課税価格の合計金額となる。

(3)　**相続税額の計算**

　相続税は，各人の課税価格の合計額が基礎控除額（3,000万円と600万円に法
定相続人の数を乗じた金額）を超えている場合に，その超える部分（課税遺産
総額）に対して課税される。基礎控除額の計算のための法定相続人の範囲は民
法の定めと同一であるが，被相続人の養子は法定相続人の数に制限がある。

　被相続人に実子がいる場合…養子のうち1人まで法定相続人に含める。

　被相続人に実子がいない場合…養子のうち2人まで法定相続人に含める。

　そして，課税遺産総額を法定相続人が法定相続分に応じて取得したものとし
た場合における各相続人の取得金額に対して，それぞれ10％から55％の超過累
進税率を乗じて算出した金額の合計額が相続税の総額となる。

法定相続分に応ずる取得金額	税　率	控除額
～1,000万円以下	10％	―
1,000万円超～3,000万円以下	15％	50万円
3,000万円超～5,000万円以下	20％	200万円
5,000万円超～1億円以下	30％	700万円
1億円超～2億円以下	40％	1,700万円
2億円超～3億円以下	45％	2,700万円
3億円超～6億円以下	50％	4,200万円
6億円超	55％	7,200万円

　その上で，各相続人，受遺者及び相続時精算課税を適用した者が実際に取得

した正味の遺産額の割合に応じて按分して各自の算出税額を計算し，相続人等ごとに配偶者の税額軽減の計算，未成年者控除などの税額控除を行って，各相続人等が実際に納める税額を計算する。

配偶者の税額軽減…配偶者が遺産分割や遺贈により実際に取得した正味の遺産額が1億6000万円までか，配偶者の法定相続分相当額まで，配偶者に相続税はかからないとする軽減措置

未成年者控除…相続人が20歳未満の方の場合は，20歳に達するまでの年数1年につき10万円が控除される。

(4) 相続税の申告と納付

相続税の申告書は，相続の開始があったことを知った日の翌日から10か月以内に，被相続人の死亡時における納税地の所轄税務署長に提出し，同時に相続税を納付しなければならない。申告書の提出は，各相続人が別々に行う必要はなく，申告書に各相続人が連署して押印のうえ提出することができる。

56　贈与税の基礎

■ ポイント

贈与税の基礎
- 贈与税は，個人から財産の贈与を受けたときにその財産の価額に応じて課税される。
- 「暦年課税」と「相続時精算課税」という2つの課税方法を選択できる。

■ 解　説

1　贈与税と事業承継

　贈与税は，個人から財産を得た者（受贈者）が納税義務を負い，取得した財産の価額の合計額を課税対象として課税される。そのため，経営者の生前に後継者に株式や事業用資産を贈与する際には贈与税の検討が欠かせない。なお，贈与税は相続税を補完するものであることから相続税法の中に規定されている。

2　課税財産の範囲・贈与税の計算

　贈与税の課税方法には，「暦年課税」と「相続時精算課税」の2つがあり，受贈者は贈与者ごとに課税方法を選択することができる。課税対象となる贈与財産は，相続税の補完税という性質から相続税の課税対象と同様である。また，著しく低い価額で財産を譲り受けた場合や債務免除を受けたときなど，贈与によって財産を取得したものではなくても実質的に贈与を受けたものと同様の経済的効果が生ずる一定の場合は，贈与による財産の取得があったものとみなして贈与税の課税対象となる。

(1)　暦年課税

　暦年課税は，1月1日から12月31日に贈与を受けた財産の合計額を基に贈与税額を計算する制度である。暦年課税による贈与税の基礎控除は110万円であり，贈与を受けた財産の合計額から110万円を控除した額を課税価格として10%から55%までの超過累進課税率を乗じて算出した額が贈与税額となる。

贈与税の計算は，直系尊属（両親，祖父母など）からその年の1月1日時点で20歳以上の卑属（子，孫など）に対する贈与（特例贈与）とそれ以外の贈与（一般贈与）で税率が異なっている。

一般贈与財産用（一般税率）

基礎控除後の課税価格	200万円以下	300万円以下	400万円以下	600万円以下	1,000万円以下	1,500万円以下	3,000万円以下	3,000万円超
税　率	10%	15%	20%	30%	40%	45%	50%	55%
控除額	—	10万円	25万円	65万円	125万円	175万円	250万円	400万円

特例贈与財産用（特例税率）

基礎控除後の課税価格	200万円以下	400万円以下	600万円以下	1,000万円以下	1,500万円以下	3,000万円以下	4,500万円以下	4,500万円超
税　率	10%	15%	20%	30%	40%	45%	50%	55%
控除額	—	10万円	30万円	90万円	190万円	265万円	415万円	640万円

(2) 相続時精算課税制度

相続時精算課税は，原則として60歳以上の父母又は祖父母から，20歳以上の子又は孫に対し，財産を贈与した場合において選択できる贈与税の課税方法である。この制度を選択する場合には，贈与を受けた年の翌年の2月1日から3月15日の間に一定の書類を添付した贈与税の申告書を提出する必要がある。なお，この制度を選択すると，その選択に係る贈与者（特定贈与者）から贈与を受ける財産については，その選択をした年分以降すべてこの制度が適用され，「暦年課税」へ変更することはできない（そのため特定贈与者との関係では110万円の基礎控除を以後受けることができない。）。

相続時精算課税を選択した場合，贈与税額は，特定贈与者ごとに，その年に贈与を受けた財産の価額から特別控除額を控除した額を課税価格として20%を乗じて算出される。特別控除額は，特定贈与者ごとに，①2,500万円（前年までに控除している金額を除いた残額）又は②特定贈与者ごとの贈与財産の課税価格のいずれか低い額となる。すなわち，特定贈与者ごとに，贈与された財産の価額の総額が2,500万円を超えるまで贈与税が課税されない制度といえる。

その上で，特定贈与者の相続が開始した場合には，特定贈与者の相続税の計算上，相続財産の価額にこの制度を適用した贈与財産の価額（贈与時の時価）

を加算して相続税額を計算することになる。

　事業承継において活用する際の観点からは，本制度では，相続税の計算上，相続時ではなく贈与時の財産の価額で計算されることを活用して，株式や事業用資産の評価額が低いときに贈与を行うことによって相続税の負担の軽減を図ることが考えられる。もっとも，思惑と異なり相続時の株式の価額が贈与時より低くなった場合には本制度を利用しなかった場合に比べて税負担が重くなることから，その採否については慎重な判断が求められる。

3　贈与税の申告と納付

　贈与税の申告と納付は，贈与を受けた年の翌年の2月1日から3月15日までに行う必要がある。

57 相続・贈与時における非上場株式の評価方法

■ ポイント

相続税法上の非上場株式（取引相場のない株式）の評価方法
- 「取引相場のない株式」は，同族株主の有無，取得する株主の態様，発行会社の規模，資産の状況等に応じて，原則的評価方式（純資産価額方式，類似業種比準方式またその折衷法）又は特例的評価方式（配当還元方式）によって評価される。

■ 解　説

1　評価方法の概要

　経営者が保有する非上場の株式の相続・贈与時における相続税法上の価額の算定は，財産評価基本通達178〜189-7に基づき，「取引相場のない株式」として，相続や贈与によって株式を取得した者（納税義務者）が，その株式を発行した会社の経営支配力を有する同族株主等か，それ以外の株主のいずれに区分されるかにより，それぞれ原則的評価方式又は特例的な評価方式である配当還元方式により行われる。なお，株式や土地が総資産に占める割合が高い会社など特定の要件を満たす会社については，類似業種比準方式が適用されないなど別途の取扱いがなされる。

2　同族株主の有無の判定

　「同族株主」とは，課税時期における当該会社の株主のうち，株主の1人（納税義務者に限らない）及びその同族関係者の有する議決権の合計数が当該会社の議決権総数の30％以上（株主の1人及びその同族関係者の有する議決権の合計数が最も多いグループの有する議決権の合計数が50％超である場合には，50％超）である場合におけるその株主及びその同族関係者をいう。

第4章　事業承継に関連する資産管理ポイント　　129

3　取得した株主の態様による区分

「取引相場のない株式」の評価方法は，当該会社の同族株主の有無や株式を取得した株主の態様（同族株主等に属するか否か，取得後の議決権割合など）によって異なり，具体的には下表のとおり区分けされる。

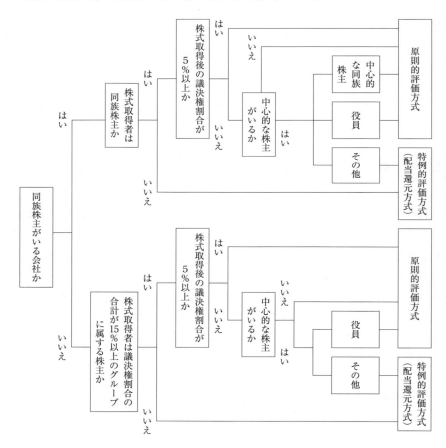

4　原則的評価方式の概要

同族株主等が，取引相場のない株式を取得した場合，原則的評価方式は，当該会社の業種区分に応じて総資産価額（帳簿価額），従業員数，及び取引金額から大会社，中会社又は小会社のいずれかに区分し，原則として以下(1)～(3)の

方法で評価する。そのため，内部留保の蓄積が進んでいる会社では，規模が大きな会社に区分されるほど，株式の評価方法に占める純資産価額の影響が相対的に小さくなり，一般的に株式の評価額は低くなる。

(1) 大会社

大会社は，原則として，類似業種比準方式により評価する。類似業種比準方式は，類似業種の株価を基に，評価する会社の1株当たりの「配当金額」，「利益金額」及び「純資産価額（簿価）」の三つで比準して評価する方法である。なお，平成29年1月1日の贈与・相続から「配当金額」，「利益金額」及び「純資産価額（簿価）」の比準割合が，1：3：1から1：1：1に改正されており，「利益金額」の評価額に占める影響が小さくなった。

(2) 小会社

小会社は，原則として，純資産価額方式によって評価する。純資産価額方式は，会社の資産や負債を原則として相続税法上の評価に置き換え，その資産の価額から負債や評価差額に対する法人税額等相当額を差し引いた残額により評価する方法である。

(3) 中会社

中会社は，類似業種比準方式と純資産価額方式を併用して評価する。中会社は，さらに規模に応じて大・中・小に区分され，規模が大きいほど類似業種比準方式の影響が大きくなる。

5　特例的評価方式（配当還元方式）の概要

同族株主等以外の者が，取引相場のない株式を取得した場合，当該会社の規模にかかわらず原則的評価方式に代えて特例的な評価方式である配当還元方式で評価される。

配当還元方式は，その株式を所有することによって受け取る一年間の配当金額を，一定の利率（10%）で還元して元本である株式を評価する方法である。なお，この方法による評価額が原則的評価方式よりも高い場合には，原則的評価方式で評価される。

$$\frac{1株当たり年間配当金額^{※}}{10\%} \times \frac{1株当たり資本金等の額}{50円}$$

※2円50銭未満であるときは2円50銭とする。

第4章　事業承継に関連する資産管理ポイント　　131

58 事業承継税制の概要
（相続税の納税猶予制度〔一般措置〕）

■ ポイント

相続税の納税猶予制度〔一般措置〕の概要
- 先代の経営者の相続・遺贈により後継者が取得した株式（一定の部分に限る。）の課税価格の80％に対応する相続税の納税が猶予され，後継者の死亡等により，納税が猶予されている相続税の納付が免除される制度である。

■ 解　説

1　事業承継税制の概要

事業承継税制は，後継者である受贈者・相続人等が，経営承継円滑化法の認定を受け，非上場会社株式等を贈与又は相続等により取得した場合において，その非上場株式等に係る贈与税・相続税について，一定の要件の下，その納税を猶予し，後継者の死亡等により，納税が猶予された贈与税・相続税の納付が免除される制度をいう。

2　相続税の納税猶予制度（一般措置）について

(1)　基本的な仕組み

本制度は，後継者である相続人等が，経営承継円滑化法の認定を受ける会社の代表権を有していた経営者から相続又は遺贈により当該会社の株式を取得した場合に，その株式（相続後で発行済議決権株式等の3分の2に達するまで）について80％に対応する相続税について，相続税の申告書を提出期限までに提出するとともに，一定の担保を提供した場合に納税を猶予し，後継者の死亡等により納税を免除するものである。なお，相続税の申告期限までに共同相続人又は包括受遺者によってまだ分割されていない株式は，本制度の対象とならない。

(2)　適用のための要件

本制度の適用を受けるためには，後記①から③の要件を満たし，経営承継円

132

滑化法の認定を受ける必要がある。

① 会社の主な要件

会社が次のいずれにも該当しないこと

・上場会社 ・中小企業者に該当しない会社 ・風俗営業会社

・資産管理会社（一定の要件を満たすものは除く。）

・総収入金額，従業員数が零の会社

② 後継者である相続人等の主な要件

後継者が次のいずれの要件も満たしていること

・相続開始の日の翌日から5か月を経過する日において会社の代表権を有していること

・相続開始の時において，後継者及び後継者と特別の関係がある者で総議決権数の50％超の議決権を保有し，かつ，これらの者のなかで最も多くの議決権数を保有することになること

・相続開始の直前において，会社の役員であること（被相続人が60歳未満で死亡した場合を除く。）

③ 先代経営者である被相続人の主な要件

・会社の代表権を有していたこと

・相続開始直前において，被相続人及び被相続人と特別の関係がある者で総議決権数の50％超の議決権数を保有し，かつ，後継者を除いたこれらの者の中で最も多くの議決権数を保有していたこと

(3) **適用を受けるための手続**

相続開始後に経営承継円滑化法に基づき，会社の要件，後継者の要件，先代経営者の要件を満たしていることの認定を受け，相続税の申告期限までに本制度の適用を受ける旨を記載した相続税申告書等を税務署に提出するとともに，納税猶予分の担保を提供する必要がある。なお，本制度の適用を受ける株式のすべてを提供した場合には担保の提供があったとみなされる。

(4) **納税猶予期間中の手続**

後継者は，引き続き本制度の適用を受ける旨や会社の経営に関する事項等を記載した「継続届出書」を経営承継期間（原則として申告期限の翌日から5年を経過する日まで）内は毎年，その期間の経過後は3年ごとに所轄の税務署に提出する必要がある。

第4章 事業承継に関連する資産管理ポイント　133

⑸　納税が猶予されている相続税を納付する必要がある主な場合

　相続税の申告後も引き続き本制度の適用を受けた株式を保有すること等により相続税の納税猶予が継続されるが，以下の事由に該当するときは納税が猶予されている相続税の全部又は一部及び利子税を納付する必要が生じる。

納税猶予税額を納付する必要がある主な場合	経営承継期間内	経営承継期間の経過後
特例の適用を受けた非上場株式等についてその一部を譲渡等した場合 （「猶予継続贈与」に該当する場合を除く。）	A（相続税の全額と利子税を納付）	B（譲渡等に対応した相続税と利子税を納付）
後継者が会社の代表権を有しなくなった場合	A[※1]	C[※2]
一定の基準日における雇用の平均[※3]が，「相続時の雇用の8割」を下回った場合	A	C[※2]
会社が資産管理会社に該当した場合 （一定の要件を満たす会社を除く。）	A	A

※1　やむを得ない理由がある場合を除く。
　2　「C」に該当した場合には，引き続き納税が猶予される。
　3　雇用の平均は，経営承継期間の末日に判定する。
出典：国税庁「非上場株式等についての相続税・贈与税の納税猶予及び免除の特例のあらまし」（2017年7月）をもとに筆者作成

⑹　納税が猶予されている相続税の納付が免除される主な場合

　下記の事由などが生じた場合，「免除届出書」・「免除申請書」を提出することにより，その死亡等があったときに納税が猶予されている相続税の全部又は一部についてその納付が免除される。

・後継者が死亡した場合
・経営承継期間内にやむを得ない理由によりこの制度の適用を受けた株式にかかる会社の代表権を有しなくなった日以後に「猶予継続贈与」（贈与を受けた後継者が，贈与税の納税猶予及び免除の特例の適用を受ける贈与をいう。）を行った場合
・経営承継期間の経過後に「猶予継続贈与」を行った場合
・経営承継期間の経過後に，この制度の適用を受けた株式に係る会社に破産手続開始決定又は特別清算開始の命令などがあった場合

59 事業承継税制の概要
（贈与税の納税猶予制度〔一般措置〕）

■ ポイント

贈与税の納税猶予制度〔一般措置〕の概要
- 先代の経営者の贈与により後継者が取得した株式（一定の部分に限る。）
の課税価格に対応する贈与税の全額の納税が猶予され，先代の経営者の死
亡等により，納税が猶予されている贈与税の納付が免除される制度である。

■ 解　説

1　贈与税の納税猶予制度（一般措置）について

(1)　基本的な仕組み

本制度は，後継者である受贈者が，経営承継円滑化法の認定を受け，先代の
経営者からその保有する株式の全部又は一定数以上の贈与を受けるなど一定の
要件を満たした場合に，贈与税の申告書を提出期限までに提出するとともに，
一定の担保を提供した場合に適用され，その株式（贈与後で発行済議決権株式
等の3分の2に達するまで）に対応する贈与税の全額の納税が猶予し，先代の
経営者の死亡等により，納税が猶予されている贈与税の納付を免除するもので
ある。

(2)　適用のための要件

本制度の適用を受けるためには，後記①から③の要件を満たし，経営承継円
滑化法の認定を受ける必要がある。

① 　会社の主な要件

会社が次のいずれにも該当しないこと
- 上場会社　　・中小企業者に該当しない会社　　・風俗営業会社
- 資産管理会社（一定の要件を満たすものは除く。）
- 総収入金額，従業員数が零の会社

② 　後継者である受贈者の主な要件

後継者が贈与時に次のいずれの要件も満たしていていること

第4章　事業承継に関連する資産管理ポイント　　135

- 会社の代表権を有していること
- 20歳以上であること
- 役員等の就任から3年以上経過していること
- 後継者及び後継者と特別の関係がある者で総議決権数の50％超の議決権数を保有し，かつ，これらの者の中で最も多くの議決権数を保有することになること
③　先代経営者である贈与者の要件
- 会社の代表権を有していたこと
- 贈与時において会社の代表権を有していないこと
- 贈与の直前において，贈与者及び贈与者と特別の関係がある者で総議決権数の50％超の議決権数を保有し，かつ，後継者を除いたこれらの者の中で最も多くの議決権数を保有していたこと

(3)　適用を受けるための手続

贈与後に経営承継円滑化法に基づき，会社の要件，後継者の要件，先代経営者の要件を満たしていることの認定を受け，贈与税の申告期限までに本制度の適用を受ける旨を記載した贈与税申告書等を税務署に提出するとともに，納税猶予分の担保を提供する必要がある。なお，本制度の適用を受ける株式のすべてを提供した場合には担保の提供があったとみなされる。

(4)　納税猶予期間中の手続

後継者は，引き続き本制度の適用を受ける旨や会社の経営に関する事項等を記載した「継続届出書」を経営承継期間（原則として申告期限の翌日から5年を経過する日まで）内は毎年，その期間の経過後は3年ごとに所轄の税務署に提出する必要がある。

(5)　納税が猶予されている贈与税を納付する必要がある主な場合

贈与税の申告後も引き続き本制度の適用を受けた株式を保有すること等により贈与税の納税猶予が継続されるが，以下の事由に該当するときは納税が猶予されている贈与税の全部又は一部及び利子税を納付する必要が生じる。

納税猶予税額を納付する必要がある主な場合	経営承継期間内	経営承継期間の経過後
特例の適用を受けた非上場株式等についてその一部を譲渡等した場合 （「猶予継続贈与」に該当する場合を除く。）	A（贈与税の全額と利子税を納付）	B（譲渡等した部分に対応する贈与税と利子税を納付）
後継者が会社の代表権を有しなくなった場合	A[※1]	C[※2]
一定の基準日における雇用の平均[※3]が，「贈与時の雇用の8割」を下回った場合	A	C[※2]
会社が資産管理会社に該当した場合 （一定の要件を満たす会社を除く。）	A	A

※1 やむを得ない理由がある場合を除く。
 2 「C」に該当した場合には，引き続き納税が猶予される。
 3 雇用の平均は，経営承継期間の末日に判定する。
出典：国税庁「非上場株式等についての相続税・贈与税の納税猶予及び免除の特例のあらまし」（2017年7月）をもとに筆者作成

(6) 納税が猶予されている贈与税の納付が免除される主な場合

　下記の事由などが生じた場合，「免除届出書」・「免除申請書」を提出することにより，その死亡等があったときに納税が猶予されている贈与税の全部又は一部についてその納付が免除される。

- 先代経営者又は後継者が死亡した場合
- 経営承継期間内にやむを得ない理由によりこの制度の適用を受けた株式にかかる会社の代表権を有しなくなった日以後に「猶予継続贈与」（贈与を受けた後継者が，贈与税の納税猶予及び免除の特例の適用を受ける贈与をいう。）を行った場合
- 経営承継期間の経過後に「猶予継続贈与」を行った場合
- 経営承継期間の経過後に，この制度の適用を受けた株式に係る会社に破産手続開始決定又は特別清算開始の命令などがあった場合

第4章　事業承継に関連する資産管理ポイント　　137

60 事業承継税制の概要
（相続税・贈与税の納税猶予制度〔特例措置〕）

■ ポイント

相続税・贈与税の納税猶予制度（特例措置）の概要
- 平成30年度税制改正により，時限的に事業承継税制を拡充することとし，①対象株式数・猶予割合の拡大，②後継者対象者の拡大，③雇用要件の弾力化，及び④新たな減免制度の創設等がなされた特例措置が設けられた。

■ 解 説

1 平成30年度税制改正による特例措置の創設

中業企業の事業承継を一層後押しするための税制措置として，平成30年度税制改正により，事業承継の際の贈与税・相続税の納税を猶予する「事業承継税制」のこれまでの措置（一般措置）に加えて，今後5年以内に特例承継計画を提出し，10年以内に実際に承継を行う者を対象とし，特例措置として，①対象株式数・猶予割合の拡大，②後継者対象者の拡大，③雇用要件の弾力化，及び④新たな減免制度の創設等がなされた特例措置が設けられた。

従前の事業承継税制（一般措置）との主な相違点は下表のとおりである。なお，特例承認計画の提出・確認後の贈与の実行又は相続の開始以降の手続は一般措置と同様である。

	特例措置	一般措置
事前の計画策定等	2018年4月1日から5年以内の特例承継計画の提出	不要
適用期限	2018年1月1日から10年以内の贈与・相続等	なし
対象株数	全株式	総株式数の最大3分の2まで
納税猶予割合	100%	相続：80%，贈与：100%

承継パターン	複数の株主から最大３人の後継者	複数の株主から１人の後継者
雇用確保要件	弾力化	承継
事業の継続が困難な事由が生じた場合の免除	譲渡対価の額等に基づき再計算した猶予税額を納付し，従前の猶予税額との差額を免除	なし （猶予税額を納付）
相続時精算課税の適用	60歳以上の者から20歳以上の者への贈与	60歳以上の者から20歳以上の推定相続人・孫への贈与

出典：国税庁「非上場株式等についての贈与税・相続税の納税猶予・免除（事業承継税制）のあらまし」（2018年４月）をもとに筆者作成

2 一般措置と特例措置の主な相違点

(1) 特例承継計画の提出

特例措置の適用を受けるためには，2018年４月１日から2023年３月31日までの間に，特例承継計画を都道府県知事に提出し，確認を受ける必要がある。特例承継計画には，後継者の氏名や事業承継の予定時期，承継時までの経営見通しや承継後５年間の事業計画等を記載し，その内容について国が認定する認定経営革新等支援機関による指導及び助言を受けなければならない。特例承継計画の確認を受けた後に計画内容に変更があった場合は，変更申請書を都道府県に提出し確認を受ける。特例承継計画の提出をした場合でも特例措置の適用期間内に相続・贈与がなかったとしても不利益はないため，特例措置を受ける可能性があれば特例承継計画の提出を検討することが望ましい。

(2) 対象株式数上限等の撤廃

一般措置では，納税猶予の対象になるのは，発行済議決権株式総数の２／３までであり，相続税の納税猶予割合は80％であるため，実際に猶予される額は全体の約53％にとどまっていたが，特例措置では，対象株式数の上限を撤廃し，猶予割合を100％に拡大することで事業承継時の贈与税・相続税の金銭負担をなくす措置が講じられた。

(3) 雇用要件の抜本的見直し

一般措置では，５年間の従業員数の平均が贈与時・相続時の８割未満となる場合，猶予された税額を全額納付することとされており，制度利用の障害とな

っていたことから，特例措置では，雇用要件を実質的に撤廃することにより，雇用維持ができなかった場合でも納税猶予を継続可能とするよう定められた。この場合には，要件を満たさなかった理由等を記載した報告書を都道府県知事に提出し，その確認を受ける必要がある。

(4) 後継者の対象の拡充

一般措置では，先代経営者から1人の後継者へ贈与・相続される場合のみが対象であったが，中小企業経営の実状に合わせた多様な事業承継を支援するために，特例措置では，親族外を含む複数の株主から，代表者である後継者（最大3人）への承継も対象に含まれることとなった（ただし，複数人で承継する場合，議決権割合の10％以上を有し，かつ，議決権保有割合上位3位までの同族関係者に限る。）。

(5) 経営環境変化に応じた減免

一般措置では，事業承継時の株価を元に贈与税額・相続税額を算定し，猶予取消しとなった場合には，その贈与税額・相続税額を納税する必要があるが，特例措置では，将来不安を軽減することを目的に，経営環境の変化を示す一定の要件を満たす場合において，事業承継時の株式の価額と差額が生じているときは，売却・廃業時の価額を基に納税額を再計算して納税を減免することとされた。

(6) 相続時精算課税制度の適用範囲の拡大

現行制度では，相続時精算課税制度は，原則として直系卑属への贈与のみが対象であるが，特例措置では，贈与者の子や孫に限らず，60歳以上の贈与者から20歳以上の後継者への贈与を相続時精算課税制度の対象とし，猶予取消時に過大な税負担が生じないように配慮された。

61 Ｍ＆Ａの活用による事業承継

■ ポイント

事情承継のためのＭ＆Ａの活用について
- 第三者への事業承継を目的としてＭ＆Ａが利用されている。
- Ｍ＆Ａの方法はいくつもあるが大きく「株式譲渡」と「事業の譲渡」に区分できる。
- 相対的に手続が簡便な株式譲渡は実務的に多く利用されている。

■ 解　説

1　Ｍ＆Ａによる事業承継

経営者の親族又は会社の役員・従業員への承継が困難な場合や，次代の経営者を外部に求め，会社・事業を売却することによる株主価値の実現（売却益の獲得）を目指す場合には，第三者へ事業承継させる方法としてＭ＆Ａが利用される。事業承継において用いられるＭ＆Ａの方法は様々であるが，大きくは株式譲渡と事業の譲渡に分類できる。

2　Ｍ＆Ａの類型

(1)　株式譲渡と事業の譲渡の概要

Ｍ＆Ａの方法は，大きく「株式譲渡」と「事業の譲渡」に分けることができる。前者は，経営者が，買手企業に発行済株式を譲り渡すことで経営権を承継させ，買手企業は，会社全体をそのまま取得することになる。他方で，後者の事業の譲渡では，会社のすべての事業を譲渡対象とするか，又はその一部の事業を譲渡対象とするか検討を要するところ，いずれにしても譲り渡した事業は買手企業の一部となるため，株式譲渡に比べ，会社のそれまでの取引関係や従業員の雇用などへの影響の程度は相対的に大きいといえる。

株式譲渡は，発行済株式を目的物とする売買契約を締結することによって実行される。事業の譲渡を実行する方法はいくつか選択肢があり，具体的には，

第4章　事業承継に関連する資産管理ポイント　　141

従前から広く行われていた事業譲渡の制度を利用するほか，より簡易な方法による権利関係の移転を可能とするために会社分割によることもできる。また，事業の全てを買手企業が承継して一体となるＭ＆Ａの方法として合併も取り得る手段の１つである。事業承継の場面では，取引実行ための手続的な負担が他の選択肢と比べて軽いことなどを理由として，株式譲渡の方法が最も多く採用されているといわれる。

なお，会社分割や合併は，以前はその対価を買手企業の株式としなくてはならなかったが，現在は金銭を対価とすることもできることから，経営者が有する会社・事業の価値を現金として実現することはいずれの方法でも可能である。

(2) それぞれの方法の特徴

ア 株式譲渡

株式譲渡は，経営者が会社の発行済株式を買手企業に譲渡し，株主の地位を移転する方法である。株式譲渡に制限がある会社であれば取締役会の承認を得る必要があるが，これに加えて株主総会の決議など会社法上の特別な手続は必要なく，他のＭ＆Ａの方法に比べ簡便な手法であるといえる。

また，株主が交代するのみであって，会社の状況を変えることはないため，取引先や従業員から同意を得る必要もなく，会社の事業に必要な許認可があったとしても取得し直すといった手間もない。他方で，買手企業にとっては会社が負っているリスクのすべてをそのまま引き継ぐことになるため，承継するリスクをコントロールしやすい他の手法に比べてその実行に際してより慎重な判断が求められる。

イ 事業譲渡

事業譲渡は，会社の事業の全部又は一部を買手企業に譲渡する会社法上の行為である。事業譲渡は個々の資産の売買と異なり，一定の事業目的のために組織化され，有機的一体として機能する財産としての「事業」を承継させるものであり，のれんやノウハウなど無形の価値も移転対象となる。もっとも，包括的に事業に関する権利義務を買手企業に承継させる会社分割と異なり，事業譲渡は，事業を構成する特定の会社財産等を譲渡する行為であるため，取引先との契約関係や雇用契約を移転するためには取引先や従業員の同意が必要になるなど手続面において煩雑なところがある。

ウ　会社分割

　会社分割は，事業譲渡と同様に事業の全部又は一部を買手企業に移転させる会社法上の行為であるが，その事業に関する権利義務を包括的に承継させるものであるから，契約関係が移転される相手方（取引先・従業員など）の同意は求められない。他方で，会社分割によって影響を受ける可能性がある債権者や従業員の保護のために，事業譲渡では必要とされない会社法の債権者保護手続や会社分割に伴う労働契約の承継等に関する法律上の手続を経なければならない。また，会社の許認可は，通常，買手企業が引き継ぐことはできないため再度の取得が求められる。

エ　合　併

　合併には2つ以上の会社が結合して一方が他方を吸収する吸収合併と，新しく会社を新設する新設合併があるが，事業承継のM＆Aの手法として利用されるのは前者である。合併は，会社全体を包括に承継させる会社法上の手続であるため，契約関係の移転に際して相手方の個別の同意は不要となる。もっとも，合併に伴って会社は消滅することから，会社が得ていた許認可を取得し直すなどの手当てが求められる。また，会社法が定める債権者保護手続などを経る必要がある点は，同じく包括的な権利義務の承継がなされる会社分割と同様である。

62　M＆Aの各手法の手続

■ ポイント

M＆Aの各手法の手続の比較
- 株式譲渡は法律上求められる手続が相対的に少ない。
- 事業譲渡は，会社分割と比べて会社法上の手続は簡便であるが，権利関係の移転に個別の同意が必要になるという煩雑な面がある。

■ 解　説

1　株式譲渡の手続

　株式譲渡は，経営者と買手企業間の対象会社が発行する株式の売買契約を締結することによって実行される。会社法上の制度ではないことから，株式譲渡に制限がある会社における取締役会の承認を除き，対象会社において特に必要となる手続はない。

　また，買手企業では，資産（株式）の譲り受けの重要性に応じて取締役会の意思決定が必要となること以外に特段の手続は求められていない。そのため，他のM＆Aの方法に比べて，株式譲渡による事業承継は当事者双方にとって簡便な方法であるといえる。

2　事業譲渡の手続

　事業譲渡は，会社と買手企業間の事業譲渡契約を締結することによって実行される。事業譲渡は会社法上の行為であり，譲渡側・譲受側の双方について必要な手続が定められている。まず，譲渡側の会社では，事業譲渡を決定するための取締役会の承認が求められる。また，会社の事業の全部又は重要な一部を譲渡する場合には，株主総会の特別決議が必要となる（ただし，事業の重要な一部の譲渡であっても，譲渡する資産の帳簿価額が，会社の総資産額の20％以下の場合には，株主総会の決議は不要）。さらに，株主総会が必要となる事業譲渡は会社の株主にとって重要な影響があることから，それに反対する株主に

144

は株式を会社に公正価格で買い取ることを求める権利（株式買取請求権）が認められている。譲受側である買手企業では，事業譲渡契約の締結に際して取締役会の決議がなされ，他の会社の事業の全部を譲り受ける場合には株主総会の特別決議が必要となる（ただし，取得対価の帳簿価額の合計額が買手企業の純資産額の20％以下である場合には，株主総会決議は不要となる。）。一定の場合に反対株主に株式買取請求権が認められるのは譲渡会社と同様である。

このほか，事業譲渡によって取引先との契約関係や従業員との雇用契約などを買手企業に移転するために契約の相手方の同意を取得することを要する。他方，類似する制度である会社分割で求められる会社法の債権者保護手続や会社分割に伴う労働契約の承継等に関する法律（労働契約承継法）上の諸手続は要求されない。

3　会社分割の手続

会社分割は，会社と買手企業間の会社分割契約を締結することによって実行される。会社分割は会社法上の行為であり，分割する会社・承継する会社のそれぞれに必要な手続が定められている。まず，分割する会社では，会社分割を決定することの取締役会の決議が必要となる。また，会社にとって重要性が乏しい会社分割（承継させる資産の帳簿価額の合計額が会社の純資産額の20％以下である場合）を除いて株主総会の特別決議が必要となり，反対株主には株式買取請求権が認められる。

このほか，株主や債権者などの利害関係者に対する情報提供のために，会社分割の概要などを記載した書類を会社分割前の一定期間及び会社分割の結果などを記載した書類を会社分割後の一定期間，会社に備えておく必要がある。さらに，分割する会社の契約関係の移転に個別の同意が不要であることの裏返しとして，一定の債権者に会社分割に対する異議を述べる機会を与えるための債権者異議公告及び催告や従業員の保護を目的とする労働契約承継法上の諸手続の実施が要求されている。

承継会社である買手企業でも，会社分割契約の締結に際して取締役会の決議がなされ，重要性が乏しいと認められる会社分割（原則として，対価として交付する承継会社の株式の数に１株当たりの純資産額を乗じた額や株式以外の財産の帳簿価額の合計が承継会社の純資産の20％以下の場合）を除いて，株主総

第４章　事業承継に関連する資産管理ポイント　　145

会の特別決議が必要となる。加えて，反対株主には株式買取請求権が認められ
ること，及び債権者保護のための債権者異議公告・催告を行うことを要するの
は分割する会社と同じである。

　なお，会社分割の対価は経営者ではなく会社が受領するが，分割した会社が
交付を受けた株式や現金などの対価を直ちにその株主に剰余金配当として交付
することもできる。

4　合併の手続

　合併は，会社と買手企業間の合併契約を締結することによって実行される。
合併は包括的に権利義務関係を買手企業に承継させる会社法上の行為であり，
会社分割に固有の労働契約承継法上の手続を除き，両当事者において会社分割
と同様の会社法上の手続の実施が求められる。

63　M＆Aの取引の流れ

■ ポイント

M＆Aの取引の流れについて
- 一般的には，①M＆Aに関して計画・調査等を行う段階，②M＆Aの実行段階，③M＆A後（ポストM＆A）の3つの段階に分けることができる。
- 具体的な手続の流れは取引の手法や規模の大小などによって異なる。

■ 解　説

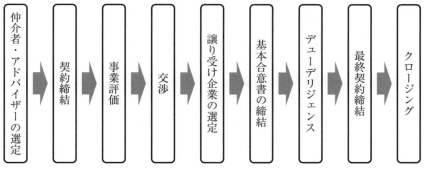

仲介者・アドバイザーの選定 → 契約締結 → 事業評価 → 交渉 → 譲り受け企業の選定 → 基本合意書の締結 → デューデリジェンス → 最終契約締結 → クロージング

出典：中小企業庁「事業承継ガイドライン」（2016年12月）をもとに筆者作成

1　M＆Aの計画・調査等の段階

　M＆Aによる事業承継を行うためには，会社の経営に関心を持っている買手企業の候補を探すことから始まる。通常は専門的なノウハウを有する仲介者・アドバイザーを選定することを検討する。仲介者・アドバイザーの候補として，取引金融機関，証券会社，M＆A専業会社，税理士・公認会計士事務所などが考えられるが，買手候補の探索に強みがあったり，財務・税務などの専門的なアドバイスが可能であるなど各々特徴があるため，期待するサービスを明確にして判断する必要がある。

第4章　事業承継に関連する資産管理ポイント　　147

また，M＆Aに際して買手企業に求める条件（M＆Aの方法，売却額の目安，役員・従業員の処遇など）があれば，M＆Aの計画段階で整理しておくことが望ましい。

2　M＆Aの実行段階
(1)　初期的な条件交渉
　買手候補が現れれば，初期的な条件交渉を開始するために秘密保持契約を締結して，会社概要や取引実行の条件などを記載した資料や決算書・税務申告書などの資料を買手候補に提供して，取引実行の可否や取引条件の検討を求めることになる。買手候補が複数存在する場合には，踏み込んだ交渉を進める相手を選別するための材料として，想定される取引金額やM＆Aの手法などを記載した意向書の提出を求めることもある。

(2)　基本合意書の作成
　当事者間でM＆Aの実行に向けて取引の基本的な事項について合意に至った場合には基本合意書を作成することが多い。もっとも，基本合意書の内容は様々であり，クロージング（取引実行）までのスケジュールのみを規定し，その他については誠実協議条項を定めるにとどまるものから，取引対価を始めとして主要取引条件まで具体的に規定することもある。もっとも，この段階ではデューデリジェンスが実施されていないため，基本合意書に主要な取引条件が定められたとしても，買手候補の意向を踏まえ，当該取引条件は法的な拘束力を有しないとすることが一般的である。

(3)　デューデリジェンスの実施
　デューデリジェンスは，M＆Aの実行に影響を与えるような問題がないか買手候補によって行われる調査・検討の手続である。買手候補が実施を求めるデューデリジェンスの対象範囲や深度は，M＆Aのスキームや取引金額などに応じて異なってくるが，一般的には会社全体を取得することとなり，潜在債務などのリスクの遮断が難しいM＆Aの類型（合併や株式譲渡など）や取引金額が高額になるほど徹底したデューデリジェンスが行われる。

　具体的には，ビジネス，財務，法務，税務といった観点から買手候補自身又は外部専門家によって調査が実施され，取引を中止すべき問題はないか，そこまでの重要性はないが取引価格に反映すべき問題はないかといった点などが検

討されることになる。

(4) 最終契約書の作成・クロージング

　デューデリジェンスの結果を踏まえて，当事者間で最終契約書の交渉・作成が行われる。最終契約書とは，株式譲渡であれば株式譲渡契約書をいい，合併であれば合併契約書をいう。最終契約書では，取引価格やクロージングの時期などの基本的な取引条件のほか，誓約条項（クロージングまでになすべき手続や一定の義務を負うことを定める条項）や表明・保証条項（一定の時点における一定の事実が真実かつ正確であることを相手方に表明して保証し，これと異なる場合には相手方に損害を補償する義務を負わせる条項）など当事者間のリスク分配にかかわる条項やクロージング後の当事者間の関係を規律する条項も定められる。

　そして，最終契約書が取り交わされたのちに，最終契約に定められた取引実行の前提条件が成就すれば，クロージング日に当事者が合意した方法に従って，譲渡対価と目的物がそれぞれ相手方に引き渡されることになる。

　なお，ポストM＆Aの主体は買手企業となるが，最終契約書において，円滑な経営の承継のために，経営者がクロージング後においても一定の期間は会社の経営に関与することを求める旨の定めが設けられることも少なくない。

64 M＆Aにおける企業価値算定

■ ポイント

M＆Aの企業価値算定の一般的な類型
- インカム・アプローチ（DCF法，収益還元法など），マーケット・アプローチ（類似企業比較法など），及びネットアセット・アプローチ（時価純資産法など）の3つがある。
- 中小企業のM＆Aでは時価純資産額に一定の営業権（のれん）を加算するという算定方法が採用されることが少なくない。

■ 解 説

1 事業承継における企業価値算定

M＆Aによる事業承継では，経営者と第三者との間の取引となることから，通常は，双方の交渉を経て決定された取引価額が当該株式の時価（公正価値）であると認められる。

契約当事者は，それぞれ対象会社の企業価値を算定することになるが，その算定方法は，インカム・アプローチ（DCF法，収益還元法など），マーケット・アプローチ（類似企業比較法など），及びネットアセット・アプローチ（時価純資産法など）の3つに分類できる。

この点，DCF法によって企業価値算定がなされることが比較的多いが，いずれの方式にも一長一短があり，相互に補完する場合もあることから，単独の方式によらずに複数の評価方式の算定結果を総合的に評価するということも少なくない。

この点，中小企業のM＆Aでは，将来の事業予測が特に難しいなどの理由により，時価純資産額に一定の営業権を加算（税引後当期純利益の3年から5年分程度）した額をもって企業価値を算定するという方法によることも多い。もっとも，実態をより反映した企業価値算定を行うよう経営者が買手候補と交渉することを可能とするためにも一般的な企業価値算定の概要を理解しておくこ

150

とは重要である。

2　インカム・アプローチ

インカム・アプローチは，会社から期待される利益又はキャッシュ・フローに基づいて企業価値を算定する方法をいう。主な算定方法として，DCF（Discounted Cash Flow）法，配当還元法，収益還元法などがあるが，DCF法が最も多く採用されている。

DCF法による企業価値算定の概要は以下のとおりである。

① 会社が生み出すフリー・キャッシュフロー（FCF）※の推計値の合計金額を，割引率で現在価値に引き直して「事業価値」を算定する。

② 「事業価値」に非事業用資産の金額を加算した「企業価値」から有利子負債等を控除して株主が保有する価値である「株主価値」を算定する。

※FCF：経常利益＋支払利息－受取利息＋償却費－法人税等－設備投資額±運転資本

DCF法は将来のFCFを見積もる必要があることから，この方法を採用するためには，買手候補の理解が得られる合理性のある事業計画を作成できなければならない。なお，事業計画の確からしさに加えて，現在価値に引き直して計算するための「割引率」の算定方法が議論の対象となることが多い。

3　マーケット・アプローチ

マーケット・アプローチは，対象会社と類似する上場会社の株価を参考に算定する方法や，会社自体の過去の取引事例における売買価格を参考にして算定する方法などをいう。財産評価基本通達に規定されている類似業種比準方式もマーケット・アプローチに含まれるが，M＆Aにおける企業価値算定に用いられることは一般的ではない。

代表的な算定方法である類似企業比較法は，会社に類似する上場会社を選定し，当該上場会社の株価と各種指標の比率（PER（株価収益率）やPBR（株価純資産倍率）など）を用いて対象会社の企業価値を算定する方法である。なお，マーケット・アプローチによる企業価値算定では，上場会社に比べて非上場会社の株式は流動性に欠けることを理由として20％から30％程度のディスカウントを求められることが多い。

第4章　事業承継に関連する資産管理ポイント　　151

4 ネットアセット・アプローチ

　ネットアセット・アプローチは，会社の純資産価額を基に企業価値を算定する方法をいい，主な算定方法として時価純資産法や簿価純資産法などがある。会社の貸借対照表を起点に評価するため，客観性に優れており，計算方法も理解を得やすいという利点がある。

　時価純資産法が多く採用されており，貸借対照表上の純資産額に土地や有価証券などの含み損益や退職給付引当金の未計上分などを反映させるなどして企業価値算定が行われる。

EBITDA（イービットダー，イービットディーエー）

　企業価値評価の指標の1つで，税引前当期純利益に支払利息及び減価償却費等を加算したものをいう（Earnings before Interest, Taxes, Depreciation and Amortization）。より簡便に営業利益に減価償却費を加算した金額によることもある。

　EBITDA は，企業の税率，資本構成，減価償却の方法，営業権償却の有無などによる影響を排除できるため，企業間の収益性を比較する指標として優れているといわれる。企業価値算定の場面では，類似企業比較法において，事業価値（EV）を EBITDA で除した EV/ EBITDA 倍率が採用されることが多い。

65　Ｍ＆Ａにおける課税関係

■ ポイント

Ｍ＆Ａにおける課税関係

- Ｍ＆Ａの手法，対価を受け取る者，対価の種類などによって課税関係は異なる。
- 退職慰労金の支給などによる譲渡価額の減額の可能性も検討しておくことが望ましい。

■ 解　説

1　株式譲渡

　株式譲渡は，経営者（個人）が株式の売主の場合，譲渡価額から売却した株式の取得費と売却のための手数料を控除した残額（譲渡益）が他の所得と区分して課税される申告分離課税の対象となり，20.315％（所得税15％，復興特別所得税0.315％，住民税5％）の税率によって課税される。他方で，資産管理会社などの会社が株式の売主の場合には，当該譲渡益が法人税等の所得計算の対象となる。

　株式譲渡による経営権の承継に際して，経営者が役員を退任する場合には役員退職慰労金を支給する場合があるが，それに伴い会社から資産が流出することから譲渡価額の減額を通じて譲渡益に対する課税額が減少することが見込まれる。この場合，退職所得に対する所得税は，退職慰労金から退職所得控除額を差し引いた残額の2分の1の額が申告分離課税の対象となることから，これに住民税の負担も考慮して譲渡益と退職所得に対する課税のバランスを検討することが望ましい。

　他方で，株式の売主が会社の場合には，受取配当等の益金不算入制度があり，持株割合が3分1を超えていれば配当金の全額が益金に算入されないことから，株式譲渡の前に留保利益を会社に配当することで譲渡価額の引き下げるという選択肢が考えられる。

第4章　事業承継に関連する資産管理ポイント　　153

2 事業譲渡

事業譲渡は，譲渡の対象となる事業を構成する資産・負債を一体として譲り渡す取引であることから，それらの帳簿価額と譲渡価額の差額が譲渡益として法人税等の所得計算の対象となる。また，事業譲渡は，譲渡の対象となった資産ごとに消費税の課税取引・非課税取引の区分が必要となることに留意が必要である。

3 会社分割

会社分割は，事業に関する権利義務を包括的に承継させる取引であることから，事業譲渡と同様，それらの帳簿価額と譲渡価額の差額が譲渡益として法人税等の所得計算の対象となるのが原則である。しかしながら，会社分割や合併といった組織再編成の前後で経済実態に実質的な変更がないと考えられる「適格組織再編成」の場合には，会社分割等の組織再編成における資産及び負債の移転はその帳簿価額でなされたものとして，譲渡損益の計上を繰り延べることとされている。もっとも，適格組織再編成の要件として取引当事者間に50％超の支配関係が存在することなどが必要となるため，第三者に対する事業承継が適格組織再編成の要件を満たすことは難しい。

一方，会社分割は，消費税の課税対象となる資産の譲渡等から除かれていることから課税対象外の取引となる。

4 合 併

合併は，会社が有する権利関係のすべてを包括的に承継させる取引であることから，合併法人に移転をした資産及び負債の合併時の時価によって譲渡をしたものとして，それらの帳簿価額との差額である譲渡益が法人税等の所得計算の対象となるのが原則である。他方で，適格組織再編成となる合併については譲渡益の計上の繰延べが認められるのは会社分割と同様である。また，株主に交付される合併対価の課税関係については，対価として合併法人から金銭などの株式以外の資産が交付される場合には，株主である経営者又は資産管理会社などにおいて，下記の算式のとおり，被合併法人株式の譲渡益及びみなし配当に対して課税されることになる。

みなし配当の金額＝合併対価－被合併法人の資本金等の額×株主の株式保有割合

譲渡損益＝譲渡対価(合併対価−みなし配当)−譲渡原価(被合併法人株式の帳簿価額)

一方，合併は，消費税の課税対象となる資産の譲渡等から除かれていることから課税対象外の取引となる。

なお，合併に際して経営者に退職慰労金を支給する予定の場合には，株式譲渡と同様に，退職所得に対する課税と合併による課税関係のバランスに留意することが望ましい。

第5章

財産の分散管理の
所得税・相続税等のポイント

66 所得税：基本的な仕組みのポイント

■ ポイント

1　個人の年間所得に対して課税
2　所得の種類ごとに計算
3　総合課税，申告分離課税又は源泉分離課税により税額計算

■ 解　説

1　個人の年間所得に対して課税

　所得税は，原則として，個人が1月から12月までの1年間に得た所得に対して課税される。所得の金額は，原則として，収入金額から必要経費を控除して計算する。

2　所得の種類ごとに計算

　「所得」と一言で表現しても，サラリーマンが受ける給料や個人事業の経営によるもののほか，株式・公社債等の運用・売却，預貯金の利子，仮想通貨取引，不動産賃貸・売却によるものなど，その内容は様々となっているため，所得税法では，所得の種類に応じた適正・公平な課税を行うために，所得を図表1の10種類に分類している。

図表1　所得の種類・内容

種　類	内　容
(1) 利子所得	公社債・預貯金の利子，合同運用信託・公社債投資信託・公募公社債等運用投資信託の収益の分配による所得
(2) 配当所得	株主や出資者が法人から受ける剰余金・利益の配当・分配，投資信託（公社債投資信託・公募公社債等運用投資信託以外）や特定受益証券発行信託の収益の分配等に係る所得
(3) 不動産所得	土地・建物等の不動産の貸付け，地上権等の不動産上の権利の貸付等による所得
(4) 事業所得	農業，漁業，製造業，卸売業，小売業，サービス業等の事業から生ずる所得

(5) 給 与 所 得	俸給，給料，賃金，歳費，賞与（これらの性質を有する給与等を含む）の所得
(6) 退 職 所 得	退職手当，一時恩給その他の退職により一時に受ける給与（これらの性質を有する給与等を含む）による所得
(7) 山 林 所 得	山林の伐採又は譲渡による所得（事業所得等に該当するもの以外）
(8) 譲 渡 所 得	土地，借地権，建物，金地金等の資産の譲渡による所得（事業所得等に該当するもの以外）
(9) 一 時 所 得	上記(1)〜(8)以外の所得のうち，営利を目的として継続的行為から生じた所得以外の一時の所得で，労務その他の役務又は資産の譲渡の対価としての性質を有しないもの等による所得（例：生命保険契約の満期一時金）
(10) 雑 所 得	上記(1)〜(9)以外の所得（例：原稿料，印税，講演料，公的年金等による所得）

3 総合課税，申告分離課税又は源泉分離課税により税額計算

　所得税は，上記2の所得金額の合計金額から納税者等の個人的事情に応じた所得控除額を控除して課税所得金額を算出し，原則として，課税所得金額の大きさに応じた税率（超過累進税率）を適用して税額を計算することとされており，これを一般的に総合課税と呼んでいる。

　ただし，所得内容等によっては，申告分離課税（税務申告時に他の所得と分離して税額計算を行う方法），源泉分離課税（支払等を受ける際に他の所得と分離して源泉徴収されることにより納税が完結する方法）といった例外的な計算方法もあるので，下記**67**〜**76**において適宜説明する。

図表2　総合課税の所得税の速算表

課税所得金額	超過累進税率	控 除 額
195万円以下	5 %	0円
195万円を超え330万円以下	10%	97,500円
330万円を超え695万円以下	20%	427,500円
695万円を超え900万円以下	23%	636,000円
900万円を超え1,800万円以下	33%	1,536,000円
1,800万円を超え4,000万円以下	40%	2,796,000円
4,000万円超	45%	4,796,000円

※平成25年から平成49年までの各年分においては，所得税のほかに復興特別所得税（原則としてその年分の基準所得税額の2.1%）を納付することとなる。（以下同じ）

　下記**67**〜**76**では，所得税等の基本的な取扱いのうち，個人投資家の投資活動に関係することの多い部分を説明していく。

第5章　財産の分散管理の所得税・相続税等のポイント　　159

67 所得税：海外関係の留意事項のポイント

■ ポイント

1 納税義務者の区分と課税所得の範囲
2 外国税額控除による国際的二重課税の調整
3 租税条約による国際的二重課税等の調整
4 国外転出時課税

■ 解 説

1 納税義務者の区分と課税所得の範囲

所得税法では，納税義務者と課税所得の範囲を，図表3のように規定している。下図においては，課税となる部分を網掛けにしている。例えば，日本居住者（非永住者以外）については，所得の発生源泉地にかかわらずすべて課税となる一方で，非居住者については国内源泉所得（日本国内に発生の源泉がある所得）のみが課税される。

図表3 納税義務者の区分と課税所得の範囲

納税義務者の区分 ＼ 課税所得の範囲	国外源泉所得以外の所得	国外源泉所得	
	国内源泉所得	国内払部分	国内送金部分
居住者	課　　税		
非永住者			
非居住者	非　課　税		

※「居住者」は，国内に住所を有し，又は現在まで引き続いて1年以上居所を有する個人を，「非永住者」は，居住者のうち，日本の国籍を有しておらず，かつ，過去10年以内において国内に住所又は居所を有していた期間の合計が5年以下である個人を，「非居住者」は，居住者以外の個人をいう。

2 外国税額控除による国際的二重課税の調整

居住者は，国内外の源泉所得について日本で課税されるが，国外源泉所得が外国で所得税課税される場合，日本及びその外国の双方で二重に所得税が課税

されることになる。このような場合には，外国税額控除を適用することにより，国際的な二重課税を排除することができる。具体的な外国税額控除額は，次の金額のうち，いずれか低い金額となる。

(1) その年に納付することとなる外国所得税の額

(2) 控除限度額…次の算式により算出した額

$$その年分の所得税額 \times \frac{その年分の国外所得総額}{その年分の所得総額}$$

つまり，外国税額控除は，一部の例外を除いて基本的には，納税者の居住地国において行うものであることに留意が必要である。

3 租税条約による国際的二重課税等の調整

令和元年8月1日時点で，日本は74の租税条約等を締結しており，131か国・地域で適用されている。

租税条約は，課税関係の安定（法的安定性の確保），二重課税の除去等を通じて二国間の健全な投資・経済交流の促進に資するものとされており，具体的には次のような調整措置が定められることが多いことから，海外が関係する所得税の課税関係の解釈においては，日本の国内法のみならず，租税条約等の規定にも留意する必要がある。

- 所得源泉地国が課税できる所得の範囲の確定
- 居住地国における二重課税の除去方法
- 税務当局間の相互協議等による条約に適合しない課税の解消

4 国外転出時課税

平成27年7月1日以後に国外転出して非居住者となる居住者が，その転出時点で時価1億円以上の有価証券等を所有している場合等には，その有価証券等の含み益に所得税等が課税されるので注意が必要である。

国外転出時課税制度の趣旨

租税条約等では，株式等の譲渡所得については，その売却をした者の居住地国に課税権があるとされていることから，巨額の含み益を有する株式等を保有したまま譲渡所得が非課税の国に出国し，その後に売却することによる租税回避を防ぐことが当制度の趣旨とされている。

第5章 財産の分散管理の所得税・相続税等のポイント 161

68 所得税：株式の利益配当，投資信託の 収益分配等のポイント

■ ポイント

1　株式の利益配当，投資信託の収益分配等の所得：配当所得
2　配当所得の金額の計算
3　配当所得の源泉徴収
4　配当所得の税額の計算
5　税額控除（配当控除）

■ 解　説

1　株式の利益配当，投資信託の収益分配等の所得：配当所得

　配当所得とは，株主や出資者が法人から受ける剰余金や利益の配当・分配，投資法人からの金銭の分配，又は投資信託（公社債投資信託及び公募公社債等運用投資信託以外）や特定受益証券発行信託の収益の分配等（以下「配当等」）に係る所得をいう。

2　配当所得の金額の計算

収入金額（源泉徴収前）－株式等を取得するための借入金の利子＝配当所得の金額

※収入金額から差し引くことができる借入金の利子は，配当所得を生ずべき元本のその年における保有期間に対応する部分等に限られる。

3　配当所得の源泉徴収

　配当所得は，配当等の支払の際，次の区分に応じて，それぞれの税率で所得税等が源泉徴収等されるが，原則として，確定申告の際に差し引くことができる。

(1)　上場株式等の配当等の場合

20.315％（所得税15％，復興特別所得税0.315％，住民税5％）の税率

※1　「上場株式等」の意義については，下記69の図表5を参照。

※2　発行済株式の総数等の3％以上に相当する数又は金額の株式等を有する個人（以下

162

「大口株主等」）が支払を受ける上場株式等の配当等については，次の(2)により源泉徴
収される。

(2) 一般株式等（上場株式等以外の株式等）の配当等の場合

20.42％（所得税20％，復興特別所得税0.42％）の税率

4 配当所得の税額の計算

　配当所得は，原則として，確定申告（総合課税）の対象となるが，一定の条
件の下，確定申告不要制度を選択することもできる。また，上場株式等の配当
所得（大口株主等が受けるもの以外）については，税率20.315％の申告分離課
税を選択することもできる（総合課税⇔申告分離課税の選択は，確定申告する
上場株式等の配当所得の全額についてしなければならない。）。

5 税額控除（配当控除）

　配当所得があるときには，総合課税による確定申告を前提に，一定の方法で
計算した金額の税額控除（配当控除）をすることができる。

図表4　配当所得の課税関係のまとめ

	(1) 上場株式等の配当等			(2) 一般株式等の配当等	
	確定申告する		確定申告しない（確定申告不要制度を選択）	確定申告する（総合課税のみ）※2	確定申告しない※1（確定申告不要制度を選択）
	（総合課税を選択）※2	（申告分離課税を選択）			
源泉徴収税率	20.315%			20.42%	
借入金利子の控除	可　能		不可能	可　能	不可能
配偶者控除や扶養控除等の判定上の合計所得金額	合計所得金額に含まれる		合計所得金額に含まれない	合計所得金額に含まれる	合計所得金額に含まれない
確定申告の税率	超過累進税率	20.315%	―	超過累進税率	―
配当控除	可　能	不可能		可　能	不可能
下記**70**の上場株式等に係る譲渡損失の損益通算・繰越控除	不可能	可　能	不可能	不可能	

※1　少額配当（1回に支払を受けるべき金額が「10万円×配当計算期間の月数÷12」以下の配当）以
　　外については確定申告が必要。また，確定申告不要制度を選択した場合においても，住民税の申
　　告は必要。
※2　所得税は総合課税で申告する一方で，住民税についてのみ，市区町村に届け出て申告不要とす
　　ることも可能である。

第5章　財産の分散管理の所得税・相続税等のポイント　　163

69　所得税：株式，投資信託受益権等の売却のポイント

■ ポイント

1　株式，投資信託受益権等の売却の所得：譲渡所得（申告分離課税）等
2　株式等の譲渡所得等の金額の計算
3　売却した株式等の取得費
4　株式等の譲渡所得等の税額の計算

■ 解　説

1　株式，投資信託受益権等の売却の所得：譲渡所得（申告分離課税）等

　株式や投資信託受益権等（以下「株式等」）の売却による事業所得の金額，譲渡所得の金額及び雑所得の金額（以下「譲渡所得等の金額」）は，「上場株式等」に係るものと「一般株式等」に係るものに区分した上で，他の所得の金額と区分して申告分離課税される。「上場株式等」の譲渡所得等の金額と「一般株式等」の譲渡所得等の金額は，別々の申告分離課税とされているため，いずれかの譲渡損失の金額を他方の譲渡所得の金額から控除することはできない。

図表5　「株式等」「上場株式等」「一般株式等」の概要

(出典：国税庁 HP の資料を一部修正)

| 「株式等」：
• 株式（投資口を含む）
• 投資信託の受益権
• 公社債（償還差益について発行時に源泉徴収がされた割引債など一定のものを除く）など | 「上場株式等」：
• 株式等で金融商品取引所に上場されているもの
　例：上場株式，上場投資信託の受益権（ETF），上場不動産投資法人の投資口（REIT）
• 投資信託でその設定に係る受益権の募集が公募により行われたものの受益権
　例：公募株式等証券投資信託の受益権，公募公社債投資信託の受益権
• 特定公社債
　例：国債，地方債，外国国債，公募公社債，平成27年12月31日以前に発行された公社債（同族会社が発行した社債以外）　　　　など |
| | 「一般株式等」：
• 上記「上場株式等」以外の株式等 |

164

2　株式等の譲渡所得等の金額の計算

総収入金額（売却価額）－（取得費＋売却手数料等）
　＝株式等の譲渡所得等の金額（上場株式等，一般株式等で同じ計算方法）
※「総収入金額」には，償還，解約による交付金銭等の額を含む。

3　売却した株式等の取得費

　売却した株式等の取得費（取得価額）については，取得時の購入代金等が基となるが，購入手数料等，その株式等を取得するために要した費用も含まれる。ただし，限定承認を除く相続・遺贈，贈与により取得した株式等については，被相続人，贈与者の取得費を引き継ぐ。また，相続開始日の翌日から相続税の申告期限の翌日以後3年を経過する日までの譲渡については，相続税額の一部を譲渡所得の取得費に加算できる特例もある。
　なお，株式等の取得費が分からない場合等には，同一銘柄の株式等ごとに売却代金の5％相当額を取得費とすることが認められるが，上場株式等の取得価額の確認方法について，国税庁は次のように公表している。

4　株式等の譲渡所得等の税額の計算

　上場株式等，一般株式等のいずれについても，税率20.315％（所得税15％，復興特別所得税0.315％，住民税5％）により申告分離課税される。

図表6　上場株式等の取得価額の確認方法（出典：国税庁HPの資料を一部修正）

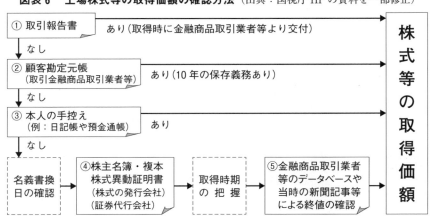

70 所得税：上場している株式，投資信託受益権等の売却のポイント

■ ポイント

1　特定口座制度
2　上場株式等に係る譲渡損失の損益通算及び繰越控除
3　NISA制度（少額上場株式等に係る配当所得・譲渡所得等の非課税措置）

■ 解　説

1　特定口座制度

　特定口座とは，銀行・証券会社等の金融商品取引業者等に開設できるもので，その口座内の上場株式等の譲渡所得等の金額の計算については，その金融商品取引業者等が行ってくれるので，とても簡易に確定申告することが可能となる。特定口座内で生じる所得に対して源泉徴収することを選択した場合には，その特定口座（以下「源泉徴収口座」）における上場株式等の譲渡による所得については，税率20.315％の源泉徴収のみで完結し，確定申告不要とすることができるが，下記2の特例の適用を受ける場合には，確定申告をする必要がある。

　なお，金融商品取引業者等を通じて受ける上場株式等の利子・配当等についても源泉徴収口座に受け入れることができるので，その口座内に上場株式等の譲渡損失の金額があるときは，利子・配当等からその譲渡損失を控除（損益通算）した金額を基に源泉徴収税額が計算される。

図表7　特定口座制度（簡易申告口座，源泉徴収口座）

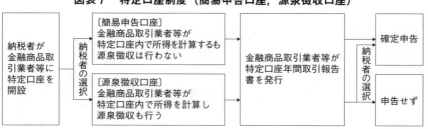

源泉徴収口座内の譲渡所得等，利子・配当所得の申告は口座ごとの選択とされており，1回の譲渡・利子・配当ごとの選択はできない。また，譲渡所得等，利子・配当所得のいずれかのみの申告も可能だが，譲渡損失を申告する場合は，同一口座内の利子・配当所得も併せて申告する必要がある。これらの所得を，①確定申告後に申告不要とする変更，②申告不要として他の所得を確定申告した後の申告への変更はできない。

2　上場株式等に係る譲渡損失の損益通算及び繰越控除

金融商品取引業者等を通じた売却等により生じた上場株式等に係る譲渡損失の金額がある場合は，確定申告により，その年分の上場株式等に係る配当所得等の金額（申告分離課税を選択したもの）と損益通算できる。

また，損益通算してもなお控除しきれない損失の金額については，翌年以後3年間にわたり，確定申告により，上場株式等に係る譲渡所得等の金額や上場株式等に係る配当所得等の金額から繰越控除することができる。

3　NISA 制度(少額上場株式等に係る配当所得・譲渡所得等の非課税措置)

NISA 制度の適用を受けると，20歳以上を対象とした非課税口座又は20歳未満を対象とした未成年者口座で取得した上場株式等（特定公社債，公募公社債投資信託の受益権等以外）について，一定の条件の下，その上場株式等の譲渡益や配当等が一定期間非課税となる。

第5章　財産の分散管理の所得税・相続税等のポイント　　167

71 所得税：公社債のポイント

■ ポイント

1　公社債等の利子等の所得：利子所得
2　公社債（割引債）の償還金の課税関係

■ 解　説

1　公社債等の利子等の所得：利子所得

　公社債の利子や，公社債投資信託，公募公社債等運用投資信託の収益の分配
（以下「利子等」）に係る所得は利子所得とされており，利子等の収入金額（源
泉徴収前）がそのまま利子所得の金額となる。原則として，税率20.315％の源
泉分離課税の対象となるが，平成28年1月1日以後に支払を受けるべき特定公
社債等※の利子等については，税率20.315％により源泉徴収され，確定申告不
要とするか税率20.315％の申告分離課税（上場株式等の譲渡損失との損益通算
や繰越控除が可能）とするかを選択できる。

　　※「特定公社債等」とは，国債，地方債，外国国債，公募公社債，上場公社債等の一定の
　　　公社債や公募公社債投資信託等をいう。

　なお，同族株主等が同族会社が発行した社債の利子を受ける場合の源泉徴収
については，税率15.315％（所得税15％，復興特別所得税0.315％）となってお
り，かつ，総合課税の対象となる。

2　公社債（割引債）の償還金の課税関係

　公社債（割引債）の償還金の課税関係は，大きく次の2つに分けられる。

(1)　発行時の源泉分離課税

　割引発行される公社債（平成27年12月31日以前に発行された国債，地方債，
社債等）については，発行時に償還差益（＝償還金額－発行価額）に対して，
雑所得として源泉分離課税（原則税率18.378％）されている。

(2) 償還時の申告分離課税

　上記(1)以外の公社債については，償還時に償還金を株式等の譲渡所得等の収入金額とみなして，申告分離課税（税率20.315%）される。償還時には次のイ〜ハのように源泉徴収される。なお，特定公社債等以外の公社債の償還金で同族株主等が受けるものは，総合課税（雑所得）の対象となる。

　イ　償還時に特定口座（源泉徴収口座）において管理されているもの
　　　償還による実際の所得金額×税率20.315%（確定申告しないことも可能）

　ロ　償還時に特定口座（源泉徴収口座以外）において管理されているもの
　　　源泉徴収なし

　ハ　上記イロ以外

　(イ)　償還期間が1年以内のもの
　　　　みなし償還差益（＝償還金額×0.2%）×税率20.315%

　(ロ)　償還期間が1年超のもの
　　　　みなし償還差益（＝償還金額×25%）×税率20.315%

図表9　株式等，公社債の売却・償還の課税関係のまとめ

	上場株式等（特定公社債等を含む）の売却・償還			一般株式等（特定公社債等以外の公社債等を含む）の売却・償還
	特定口座		一般口座等	
	源泉徴収口座	簡易申告口座		
売却益の源泉徴収税率	20.315%		源泉徴収なし	
償還益の源泉徴収税率	実際の償還差益に対して20.315%	源泉徴収なし	みなし償還差益に対して20.315%	
売却・償還益の確定申告	原則，不要		必　要	
税額計算の方法	「上場株式等」に係る譲渡所得等として税率20.315%の申告分離課税		←譲渡損益の通算不可→	「一般株式等」に係る譲渡所得等として税率20.315%の申告分離課税
上場株式等に係る譲渡損失の損益通算・繰越控除	金融商品取引業者等を通じて行う譲渡・償還に係る損失であれば可能			不可能
配偶者控除や扶養控除等の判定上の合計所得金額	確定申告しない場合は合計所得金額に含まれない		合計所得金額に含まれる	

※発行時に源泉分離課税済の割引債等については新たな課税はない。発行会社への株式譲渡に係るみなし配当課税，同族株主等が同族会社から受ける社債償還金については，上図と異なる課税関係になる。

第5章　財産の分散管理の所得税・相続税等のポイント　　169

72 所得税：預貯金等のポイント

■ ポイント

1 預貯金の利息の所得：利子所得（源泉分離課税）
2 海外預金の利息の所得：利子所得（総合課税）
3 金融類似商品の収益の所得：源泉分離課税

■ 解　説

1 預貯金の利息の所得：利子所得（源泉分離課税）

預貯金の利息に係る所得は利子所得とされており，利息金額（源泉徴収前）がそのまま利子所得の金額となる。原則として，税率20.315％の源泉分離課税の対象とされており，扶養親族等に該当するか否かを判定するとき等の合計所得金額からは除かれる。

2 海外預金の利息の所得：利子所得（総合課税）

海外渡航が年々増えているなか，サラリーマンが海外勤務中に海外預金を開設したり，そうでなくても海外旅行中に海外預金を開設するといったことが，これまでよりも多く起こり得るようになってきている。

海外預金は日本の預金よりも金利が高いことが多く，海外預金を保持し続ける限り，定期的に預金利息が振り込まれることとなる。前記67（所得税：海外関係の留意事項のポイント）に記載のとおり，日本の居住者（非永住者以外）が得る所得については，その源泉が国内・国外のいずれであれ，すべてが日本の所得税の課税対象となる。したがって，海外預金であっても，その利息収入については，日本の所得税（利子所得）の課税対象となる。

ここで重要なのは，日本にいて日本の預金利息を得る限りは源泉分離課税で課税関係が完結するため利子所得を確定申告することはないが，海外預金の利息を海外で受けると日本の源泉分離課税の対象とならないため，日本で確定申告（総合課税）する必要が生じる点である。うっかり失念すると事後に不測の

課税を受けることになりかねないので注意が必要である。

　外貨建ての預金利息については，その利息を受ける日のTTM（対顧客直物電信買相場（TTB）と対顧客直物電信売相場（TTS）の仲値）で邦貨換算する。また，その利息が預金の所在地国でも外国所得税を課税されている場合には，外国税額控除の適用が可能である。

　なお，不動産所得，事業所得，山林所得，譲渡所得の金額の計算上生じた損失のうち一定のものについては，海外預金に係る利子所得の金額（総合課税）から控除（損益通算）することが可能である。

3　金融類似商品の収益の所得：源泉分離課税

　次の(1)～(6)の金融類似商品の収益の所得についても，税率20.315％の源泉分離課税の対象とされており，扶養親族等に該当するか否かを判定するとき等の合計所得金額からは除かれる。

(1)　定期積金契約に基づく給付補てん金

　　※「給付補てん金」とは，その契約に基づく給付金のうちその給付を受ける金銭の額からその契約に基づき払い込んだ掛金の額の合計額を控除した残額に相当する部分であり，預金に例えるならば，利息に相当するものである（下記(2)において同じ）。

(2)　銀行法第2条第4項の定期積金等の契約に基づく給付補てん金

(3)　一定の契約により支払われる抵当証券の利息

　　※「一定の契約」とは，抵当証券（不動産の抵当権付き貸付債権を小口証券化したもの）の販売等を業として行う金融機関と抵当証券の購入者との間で締結された，その抵当証券に記載の債権元本・利息の弁済受領，支払に関する事項を含む契約をいう。

(4)　貴金属等の売戻し条件付売買の利益

　　例：金投資口座，金貯蓄口座の利益

(5)　外貨建て預貯金で，元本・利子をあらかじめ定められた利率により円又は他の外貨に換算して支払うこととされているものの換算差益

　　例：外貨投資口座の為替差益

(6)　一時払養老保険や一時払損害保険等で，保険期間が5年以下等の一定の要件を満たすものの差益

73 所得税：金地金（ゴールド）等のポイント

■ ポイント

1　金地金（ゴールド）等の売却の所得：譲渡所得（総合課税）
2　譲渡所得の金額・税額の計算
3　譲渡した金地金（ゴールド）等の取得費
4　事業所得又は雑所得として課税されるケース
5　金地金等の取引には法定調書がある

■ 解　説

1　金地金（ゴールド）等の売却の所得：譲渡所得（総合課税）

　金地金（ゴールド）とは，いわば金塊のことをいうが，金地金，白金地金（プラチナ），金貨や白金貨（以下「金地金等」）を売却した場合の所得は，原則として，譲渡所得（総合課税）として課税される。この譲渡所得の課税方法は，その資産の取得から売却までの所有期間が5年以内又は5年超のいずれかで異なる。

2　譲渡所得の金額・税額の計算

　次の各算式による「課税譲渡所得の金額」に対して超過累進税率を適用して所得税等の額を計算する。

(1)　所有期間　5年以内の場合

　　総収入金額(売却価額)−(取得費＋売却手数料等)＝金地金等の譲渡益
　　金地金等の譲渡益−特別控除(50万円)＝課税譲渡所得の金額

(2)　所有期間　5年超の場合

　　総収入金額(売却価額)−(取得費＋売却手数料等)＝金地金等の譲渡益
　　金地金等の譲渡益−特別控除(50万円)＝譲渡所得の金額
　　譲渡所得の金額×1/2＝課税譲渡所得の金額

※上記特別控除の額は，総合課税の譲渡益全体に対して50万円（譲渡益を限度）とされて

いる。

3　譲渡した金地金（ゴールド）等の取得費

譲渡した金地金等の取得費（取得価額）には，購入代金のほか，購入手数料等も含まれる。購入代金等が分からない場合には，売却価額の5％相当額を取得費とすることも可能である。

4　事業所得又は雑所得として課税されるケース

営利を目的として継続的に金地金等の売買を行う場合は，譲渡所得ではなく事業所得又は雑所得（総合課税）として課税されるので，所得金額は，総収入金額から必要経費を控除して算定されることに留意が必要である。

5　金地金等の取引には法定調書がある

国内において金地金等の売買を業として行う者で，金地金等の譲渡の対価（200万円超）の支払をする者は，その対価支払を受ける者の各人別に，下図の支払調書（法定調書）を，その支払確定日の属する月の翌月末日までに，税務署長に提出しなければならないこととされている。

図表10　金地金等の譲渡の対価の支払調書

平成　　年分　　金地金等の譲渡の対価の支払調書

支払を受ける者	住所（居所）							
	氏　名				個　人　番　号			
金地金等の種類	重　量	数　量		支　払　金　額		支払確定年月日		
				千　　　　円		・　・		
						・　・		
						・　・		
（摘要）								
支払者	住所（居所）又は所在地							
	氏名又は名　称	（電話）			個人番号又は法人番号			
整　理　欄	①			②				

○個人番号又は法人番号」欄に個人番号（12桁）を記載する場合には，右詰で記載します。

368

第5章　財産の分散管理の所得税・相続税等のポイント　　173

74 所得税：先物取引，仮想通貨取引のポイント

■ ポイント

1　先物取引に係る所得：雑所得等（申告分離課税等）
2　先物取引に係る雑所得等の金額の税額計算
3　仮想通貨取引に係る所得：原則，雑所得（総合課税）
4　仮想通貨取引に係る雑所得の金額・税額の計算

■ 解　説

1　先物取引に係る所得：雑所得等（申告分離課税等）

　FX取引（外国為替証拠金取引）等に代表される先物取引とは，将来のあらかじめ定められた期日に商品を現時点で取り決めた価格で売買することを約束する取引であり，一定の証拠金を担保にして，その証拠金の何十倍もの取引で行うことが可能となる。

　先物取引では約束時点の先物価格と決済時点の先物価格の差額の受渡（差金決済）のみを行うが，第一種金融商品取引業者等を通じた一定の差金決済については，それに係る事業所得の金額，譲渡所得の金額及び雑所得の金額の合計額（以下「先物取引に係る雑所得等の金額」）を他の所得と区分して，申告分離課税の対象となる[※]。

> ※日本の業法規制の対象とされる第一種金融商品取引業者，登録金融機関及び商品先物取引業者以外の者を相手方とする店頭取引については，事業所得，譲渡所得又は雑所得として総合課税の対象となる。

2　先物取引に係る雑所得等の金額の税額計算

　第一種金融商品取引業者等を通じた先物取引の税額計算は，次のように行われる。

⑴　差金決済による差益が生じた場合

先物取引に係る雑所得等の金額×税率20.315%

⑵　差金決済による差損が生じた場合

「先物取引に係る雑所得等の金額」（申告分離課税対象）以外の所得金額との損益通算はできないが，確定申告等の適用要件の下，損失金額を，翌年以後3年内の各年分の先物取引に係る雑所得等の金額（申告分離課税対象）から控除することができる。

3　仮想通貨取引に係る所得：原則，雑所得（総合課税）

ビットコイン等の仮想通貨の売却・使用により生じる利益は「事業所得等の各種所得の起因となる行為に付随して生じる場合を除き，原則として，雑所得に区分され，所得税の確定申告が必要」（平成29年12月1日付国税庁個人課税課情報第4号「仮想通貨に関する所得の計算方法等について」）とされており，原則として，総合課税（雑所得）の対象となる。

4　仮想通貨取引に係る雑所得の金額・税額の計算

上記の国税庁個人課税課情報第4号では，所得金額の計算方法を主に次のように例示しており，計算された雑所得を含む総合所得に対して，超過累進税率を適用して税額を算定する。

⑴　仮想通貨の売却

　　売却価額－取得価額

⑵　仮想通貨での商品購入

　　仮想通貨の使用時点での商品価額－仮想通貨の取得価額

⑶　仮想通貨と仮想通貨の交換

　　新規取得の仮想通貨の取得時時価－手放す仮想通貨の取得価額

⑷　仮想通貨のマイニング（採掘）

　　マイニングにより取得した仮想通貨の取得時点での時価－マイニングに要した費用

なお，個々の事例において，仮想通貨取引に係る所得が雑所得（原則的な取扱い）に区分される場合は，計算上生じた損失については，雑所得以外の他の所得と損益通算することはできないことに留意が必要である。

一方，個々の事例において，仮想通貨取引に係る所得が事業所得（例外的な取扱い）に区分される場合においては，計算上生じた損失について，他の所得と損益通算することが可能となる。

第5章　財産の分散管理の所得税・相続税等のポイント　　175

75 所得税：不動産の賃貸のポイント

■ ポイント

1 不動産賃貸の所得：不動産所得（総合課税）
2 事業的規模の不動産賃貸の恩典
3 不動産賃貸開始の際の手続き（税務署関係）
4 不動産所得が赤字のときの他の所得との通算
5 国外の中古建物を通じた節税策

■ 解　説

1　不動産賃貸の所得：不動産所得（総合課税）

不動産賃貸の所得は，総収入金額（賃貸収入等）から必要経費（固定資産税，減価償却費等）を控除して計算し，総合課税（不動産所得）される。

2　事業的規模の不動産賃貸の恩典

不動産賃貸が事業的規模で行われている場合には，主に次のような恩典を受けることが可能となる。

(1) 賃貸用固定資産の取壊し，除却等の資産損失の全額を必要経費に算入
(2) 青色事業専従者給与又は白色事業専従者控除
(3) 青色申告特別控除が最高65万円（非事業的規模の場合は最高10万円）

※その不動産賃貸が事業的規模かどうかは，原則として，社会通念上事業と称するに至る程度の規模で行われているか否かによって実質的に判断するが，次のいずれかの基準に当てはまる場合には，原則として，事業的規模として取り扱われる。
 (1) 貸間，アパート等については，貸与できる独立室数が概ね10室以上
 (2) 独立家屋の賃貸については，概ね5棟以上

3　不動産賃貸開始の際の手続（税務署関係）

不動産の賃貸開始の際は，例えば，次のような書類を税務署へ提出する必要

176

がある。

(1)　「個人事業の開業・廃業等届出書」

事業的規模の不動産賃貸開始の場合は，開業日から1か月以内に提出

(2)　「所得税の青色申告承認申請書」

不動産賃貸の開始年分から青色申告する場合は，その年3月15日まで（その年1月16日以後，新たに賃貸を開始した場合は，その開始から2か月以内）に提出

> ※青色申告には，最高65万円の特別控除，生計一親族への給与（青色事業専従者給与）の必要経費算入（下記(3)），損失繰越控除等の特典がある。

(3)　「青色事業専従者給与に関する届出書」

事業的規模の不動産賃貸で青色事業専従者給与額を必要経費に算入したい場合は，その年3月15日まで（その年1月16日以後，新たに賃貸を開始した場合は，その開始から2か月以内）に提出

4　不動産所得が赤字のときの他の所得との通算

不動産所得の損失の金額は，他の総合課税の所得金額と損益通算を行えるが，例えば，次のような損失の金額については，損益通算の対象とならない。

(1)　趣味，娯楽，保養又は鑑賞の目的で所有する不動産の賃貸に係る損失

(2)　不動産所得の金額の計算上必要経費に算入した土地等を取得するために要した負債の利子に相当する部分の金額

5　国外の中古建物を通じた節税策

日本と海外とでは建物を取り巻く状況が大きく異なっており，例えば，住宅の平均寿命は，日本の約32年に対して，米国は約66年，英国は約80年と長期間使用される実態があるので，これを利用して国外の中古建物を取得して不動産事業を行い，多額の減価償却費を計上して不動産所得の損失を生じさせる節税策がある。しかし，これについては，会計検査院が平成27年度決算検査報告で，国外の中古建物の減価償却費の算定方法が建物の現状に適合していないとして，財務省に有効性等の検討を求めていることから，今後，制度改正の可能性があることに留意が必要である。

第5章　財産の分散管理の所得税・相続税等のポイント　　177

76 所得税：不動産の売却のポイント

■ ポイント

1　不動産売却の所得：譲渡所得（申告分離課税）等
2　不動産売却の譲渡所得の金額・税額の計算
3　取得費の範囲
4　譲渡費用の範囲
5　事業用資産の買換えの特例

■ 解　説

1　不動産売却の所得：譲渡所得（申告分離課税）等

　不動産売却の所得は，原則，譲渡所得として申告分離課税される。

　ただし，棚卸資産である不動産の売却等については，譲渡所得ではなく，事業所得又は雑所得として総合課税される。

2　不動産売却の譲渡所得の金額・税額の計算

　不動産売却の譲渡所得の金額・税額については，その不動産の所有期間に応じて次のとおり計算する。

(1)　長期譲渡所得（譲渡した年の1月1日において所有期間が5年超）

　　売却価額－（取得費＋譲渡費用）－特別控除[※1]＝課税長期譲渡所得金額

　　課税長期譲渡所得金額×税率20.315％＝税額

(2)　短期譲渡所得（譲渡した年の1月1日において所有期間が5年以下）

　　売却価額－（取得費＋譲渡費用）－特別控除[※1]＝課税短期譲渡所得金額

　　課税長期譲渡所得金額×税率39.63％[※2]＝税額

※1　不動産売却の特別控除は，居住用不動産の売却等に，適用範囲が限定されている。
※2　所得税30％，復興特別所得税0.63％，住民税9％の合計。

3　取得費の範囲

取得費には，売却した土地・建物の購入代金，建築代金，購入手数料のほか設備費，改良費等も含まれ，かつ，建物の取得費は，購入代金等の合計額から減価償却費相当額を差し引いた金額となる。そのほか，事業所得等の必要経費に算入されたものを除いて，次のようなものが含まれる。

(1)　土地・建物を取得したときの登録免許税・登記費用，不動産取得税，特別土地保有税，印紙税（業務用資産に係るもの以外）

(2)　借主がいる土地・建物の購入の際に借主へ支払った立退料

(3)　土地の取得に際して支払った土地の測量費

(4)　購入後概ね1年以内に建物を取り壊すなど，当初から土地の利用が目的であったと認められる場合の建物の購入代金や取壊しの費用

なお，限定承認を除く相続・遺贈，贈与により取得した不動産については，被相続人，贈与者の取得費を引き継ぐ。相続開始日の翌日から相続税の申告期限の翌日以後3年を経過する日までの譲渡については，相続税額の一部を譲渡所得の取得費に加算できる特例もある。取得費が分からない場合等には，譲渡価額の5％相当額を取得費とすることが認められる。

4　譲渡費用の範囲

譲渡費用とは売却に直接要した費用であり，次のようなものが含まれる。

(1)　土地・建物を売るために支払った仲介手数料

(2)　印紙税で売主が負担したもの

(3)　貸家を売るため，借家人に家屋を明け渡してもらう際に支払う立退料

(4)　土地売却のために建物を取壊したときの取壊費用とその建物の損失額

5　事業用資産の買換えの特例

事業用不動産（譲渡資産）を譲渡して，一定期間内に不動産（買換資産）を取得し，取得日から1年以内に買換資産を事業の用に供したときは，一定の要件の下，譲渡益の一部に対する課税を将来に繰り延べることができる（譲渡益が非課税となるわけではない）。例えば，譲渡資産について，譲渡した年の1月1日において所有期間が10年超の場合には，一定の要件の下，この特例の適用を受けることができる可能性がある。

第5章　財産の分散管理の所得税・相続税等のポイント　　179

77 相続税等：基本的な仕組みのポイント

■ ポイント

1　相続税の基本的な仕組み　　2　贈与税の基本的な仕組み

■ 解　説

1　相続税の基本的な仕組み

　相続税は，各個人が取得した純財産額（次の(1)から(2)を控除した残額）の合計が基礎控除（＝3,000万円＋600万円×法定相続人※の数）を超える場合に，その超える部分（以下「課税遺産総額」）について課税されるものであり，納税義務者は財産の取得者である。

(1)　**加算：イの相続開始時の時価，ロの実額，ハニの贈与時の時価の合計**

　イ　相続又は遺贈（遺言による財産処分）によって取得した財産
　　　有価証券，現金・預貯金，金地金，仮想通貨，不動産など，金銭に見積もることができる経済的価値のあるすべての財産。

　ロ　死亡退職金，死亡保険金（下記81参照）等

　ハ　相続時精算課税（下記2(2)参照）による贈与財産

　ニ　暦年課税（下記2(1)参照）による相続開始前3年以内の贈与財産

(2)　**減算：イの相続開始時の現況確実な額，ロの実額の合計**

　イ　被相続人から引き継いだ債務（税金等を含む）

　ロ　被相続人に係る葬式費用

図表11　相続税の速算表

法定相続分に応ずる取得金額	超過累進税率	控除額	法定相続分に応ずる取得金額	超過累進税率	控除額
1,000万円以下	10%	—	2億円以下	40%	1,700万円
3,000万円以下	15%	50万円	3億円以下	45%	2,700万円
5,000万円以下	20%	200万円	6億円以下	50%	4,200万円
1億円以下	30%	700万円	6億円超	55%	7,200万円

課税遺産総額を法定相続分※（基礎控除を計算するときに用いる法定相続人※の数に応じた相続分）により按分した法定相続分に応ずる各取得金額を下図に当てはめて計算・合計して相続税の総額を算出し，それを各個人の取得財産額に応じて按分して，各個人の納税額を算出する。

> ※法定相続人と法定相続分
> 　相続税法上の法定相続人では，民法の相続人を基としつつも「相続の放棄があった場合には，その放棄がなかったものとする」等の一定の調整を加える必要がある。しかし，例えば，被相続人に配偶者と2名の子供（実子のみ）がいた場合で，相続放棄等がないときには，法定相続人は3名となり，配偶者の法定相続分は1/2，子供の法定相続分は各1/4となる。
> 　基礎控除を上回る純財産額の取得がある場合には，被相続人の死亡したことを知った日の翌日から10か月以内に相続税の申告・納付をする必要があるが，納付自体は特例等の適用により生じないこともある。

2　贈与税の基本的な仕組み

贈与税は，個人から生前贈与により財産を取得した個人に対して，その財産取得時の時価を課税価格として課される税であり，受贈者が(1)暦年課税，(2)相続時精算課税のいずれかの課税方式を選択できる。

(1)　暦年課税

暦年課税の贈与税は，1月から12月までの1年間に受贈した財産の合計額から基礎控除（110万円）を控除した残額に対して超過累進税率を適用して課税される。基礎控除を上回る贈与があった場合には，翌年2月1日から3月15日の間に贈与税の申告・納付を行う必要がある。

(2)　相続時精算課税

相続時精算課税の贈与税は，一定の要件の下，その選択をした贈与者ごとに1月から12月までの1年間に受贈した財産の合計額から特別控除（2,500万円）を控除した残額に対して20％の税率を乗じて課税される。前年以前にすでにこの特別控除の適用を受けている場合には，2,500万円からその適用額を控除した残額がその年の特別控除限度額となる。

下記 **78**〜**81** では，相続税等の基本的な取扱いのうち，個人投資家の投資活動に関係することの多い部分を説明する。

第5章　財産の分散管理の所得税・相続税等のポイント　　181

78 相続税等：海外関係の留意事項のポイント

■ ポイント

1 海外の相続税制
2 日本の相続税・贈与税の納税義務の範囲
3 控除可能な債務・葬式費用の範囲
4 邦貨換算のレート
5 外国税額控除

■ 解　説

1　海外の相続税制

海外の相続税の課税方式は，大きく次の2つに分けることができる。

(1)　遺産課税方式

遺産課税方式とは，被相続人の遺産総額に応じて課税する方式であり，遺産分割の如何にかかわらず，遺産総額によって相続税の税額が定まる。（採用国：米国，英国，韓国，台湾等）

(2)　遺産取得課税方式

遺産取得課税方式とは，個々の相続人が取得した遺産額に応じて課税する方式である。（採用国：ドイツ，フランス，オランダ等）

※相続税を有しない国・地域も少なからず存在する。例えば，カナダ，オーストラリア，ニュージーランド，シンガポール，香港等には相続税がない。

2　日本の相続税・贈与税の納税義務の範囲

相続税法では，近年，相続人・受贈者の納税義務の範囲が繰り返し改正されており，海外が絡む相続税について，基本的には，納税義務の範囲が拡大されてきている。本原稿執筆時点（平成31年1月11日）で施行済の納税義務の範囲については，図表12のように規定されている。

図表12　相続税・贈与税の納税義務の範囲（出典：財務省HP）

被相続人 贈与者 ＼ 相続人 受贈者	国内に住所あり		国内に住所なし		
		一時居住者（※1）	日本国籍あり		日本国籍なし
			10年以内に住所あり	10年以内に住所なし	
国内に住所あり			国内・国外財産ともに課税		
一時居住被相続人（※1） 　一時居住贈与者（※1）					
国内に住所なし　10年以内に住所あり					
相続税　外国人					
贈与税　短期滞在外国人（※2）　　　　　長期滞在外国人（※3）				国内財産のみに課税	
10年以内に住所なし					

※1　出入国管理法別表第1の在留資格で滞在している者で，相続・贈与前15年以内において国内に住所を有していた期間の合計が10年以下の者
※2　出国前15年以内において国内に住所を有していた期間の合計が10年以下の外国人
※3　出国前15年以内において国内に住所を有していた期間の合計が10年超の外国人で出国後2年を経過した者

3　控除可能な債務・葬式費用の範囲

(1)　上図表12の網掛け部分の者：すべての債務，葬式費用

(2)　上図表12の網掛け部分以外の者：国内財産に関連する債務のみ

4　邦貨換算のレート

(1)　財産：（相続・贈与時の）対顧客直物電信買相場（TTB）

(2)　債務：（相続時の）対顧客直物電信売相場（TTS）

5　外国税額控除

　相続により国外財産を取得し，その財産について外国の法令により日本の相続税に相当する税が課されたときは，同一の財産に対して日本と外国の双方で課税されることとなるので，二重課税を排除するために，日本の相続税から外国の相続税相当額を控除することができる。具体的な外国税額控除額は，次の金額のうち，いずれか低い金額となる。

(1)　外国で課された相続税相当額

(2)　控除限度額　…　次の算式により算出した額

$$日本の相続税額 \times \frac{外国に所在する財産の価額}{課税価格計算の基礎に算入された財産の価額}$$

第5章　財産の分散管理の所得税・相続税等のポイント　　183

79 相続税等：「住所」「日本国籍」「財産の所在」の ポイント

■ ポイント

1 「住所」の考え方
2 「日本国籍」の考え方
3 「財産の所在」の考え方

■ 解 説

1 「住所」の考え方

相続税の納税義務の範囲を確定するためには，被相続人・相続人の「住所」を特定する必要があるが，相続税における住所とは，各人の生活の本拠をいい，その生活の本拠であるかどうかは，客観的事実によって判定することとされている。また，「客観的事実」の例としては，住居，職業，資産の所在，親族の居住状況，国籍等が挙げられ，これらを総合的に勘案することにより生活の本拠を特定することとされている。

なお，相続税法では，「住所」の有無のみで居住性を判定することとされており，法文上，所得税法とは異なり「居所」が要件とされていない。また，所得税法（施行令）には「住所」の有無に関する推定規定が別途措置されているのに対し，相続税法にはそのような規定が措置されていない。

【参考】民法上の「住所」「居所」の考え方

民法上も「住所」は各人の生活の本拠とされており，住民登録上の住所とは必ずしも一致しないものとされている。また，「住所が知れない場合には，居所を住所とみなす」という規定があり，「居所」については，基本的には，相当期間継続して居住しているが生活の本拠とまでなっていない場所と解釈されているようである。

2 「日本国籍」の考え方

相続税の納税義務の範囲を確定するためには，被相続人・相続人の「日本国

籍の有無」を特定する必要がある。上記**78**の図表12において「日本国籍あり」には，日本国籍と外国国籍とを併有する重国籍者も含まれるが，日本国籍の有無の判断は慎重に行う必要がある。

　例えば，日本国民は，自己の志望によって外国籍を取得したときは日本国籍を自動的に失う（国籍法第11条第1項）一方で，国籍の喪失については，その本人等が届出をしなければならないこととされている（戸籍法第103条第1項）。つまり，本人等の届出がない限り，戸籍謄本等からは日本国籍の喪失を確認できないことがあるので，例えば，被相続人等が「外国籍を取得した」といった話をしていた場合は，その外国籍の有無の調査を通じて，日本国籍の有無を慎重に判断する必要がある。

3　「財産の所在」の考え方

　相続税の納税義務の範囲を確定するためには，財産の所在を特定する必要があるが，その判断基準は，財産の種類に応じ，図表13のとおりとなっている。

図表13　相続税・贈与税の「財産の所在」

財産の種類	所在
動産若しくは不動産又は不動産の上に存する権利	動産又は不動産の所在
船舶又は航空機	船籍又は航空機の登録をした機関の所在
金融機関に対する一定の預金，貯金，積金又は寄託金	預金，貯金，積金又は寄託金の受入れをした営業所又は事業所の所在
保険金	保険の契約に係る保険会社等の本店又は主たる事務所等の所在
退職手当金，功労金その他これらに準ずる給与等	給与を支払った者の住所又は本店若しくは主たる事務所の所在
貸付金債権	債務者の住所又は本店若しくは主たる事務所の所在
社債（特別の法律により法人の発行する債券及び外国法人の発行する債券を含む。）若しくは株式，法人に対する出資等	社債若しくは株式の発行法人，出資のされている法人等の本店又は主たる事務所の所在
集団投資信託，法人課税信託に関する権利	信託の引受けをした営業所，事務所等の所在
特許権，実用新案権，意匠権若しくはこれらの実施権で登録されているもの，商標権又は回路配置利用権，育成者権若しくはこれらの利用権で登録されているもの	登録をした機関の所在
著作権，出版権又は著作隣接権でこれらの権利の目的物が発行されているもの	発行する営業所又は事業所の所在
営業所又は事業所を有する者のその営業所又は事業所に係る営業上又は事業上の権利（上記財産を除く。）	営業所又は事業所の所在
国債，地方債	国債又は地方債は，日本にあるものとし，外国又は外国の地方公共団体等の発行する公債は，その外国にあるものとする。
上記以外の財産	その財産の権利者であった被相続人・贈与者の住所の所在

80 相続税等：財産の評価のポイント

■ ポイント

1　上場株式　　　　　　　　2　非上場株式
3　証券投資信託　　　　　　4　公社債
5　預貯金　　　　　　　　　6　金地金等
7　仮想通貨　　　　　　　　8　不動産
9　海外の不動産

■ 解　説

1　上場株式

金融商品取引所が公表する課税時期の最終価格と課税時期が属する月以前3か月間の最終価格の月中平均のうち最も低い価額により評価する。

2　非上場株式

株式取得者が有する経営支配力や会社規模等に応じて，(1)類似業種比準方式（評価会社と業種・規模等が類似する上場の標本会社等の株価をベースに，標本会社等の1株当たりの配当・利益・純資産と評価会社のそれらを比較して評価する方法），(2)純資産価額方式（会社の保有財産・負債をすべて相続税評価し，含み益に対する法人税等相当額を控除した純資産価額で評価する方法），(3)上記(1)(2)の折衷方式，(4)配当還元方式（配当収入を資本還元率で割り戻す方式）などにより評価する。

3　証券投資信託

次の算式により評価するが，上場の投資信託は上記1に準じて評価する。
　課税時期の基準価額（MRF等は未収分配金を加算）－源泉税相当額
　　　－信託財産留保額・解約手数料等

4　公社債

(1)　上場の利付債・転換社債：公表最終価格＋既経過利子－源泉税相当額

(2)　上場の割引債：公表最終価格

5　預貯金

(1)　定期預金，定期郵便貯金，定額郵便貯金：

　　課税時期の預入高－既経過利子－源泉税相当額

(2)　(1)以外の預貯金：既経過利子が少額なものに限り，課税時期の預入高

6　金地金等

原則として，売買実例価額，精通者意見価格等を参酌して評価する。

7　仮想通貨

原則として，相続人等の納税義務者が取引を行っている仮想通貨交換業者が公表する課税時期の取引価格によって評価する（平成30年11月国税庁「仮想通貨関係FAQ」）。

8　不動産

土地は，国税庁が年に1回公表する路線価（道路に面する標準的な宅地の1㎡当たりの価額）が定められている地域の場合は路線価方式（路線価をその土地の形状等に応じた奥行価格補正率等の各種補正率で補正した後に，その土地の面積を乗じて計算する方式），それ以外の地域の場合は倍率方式（その土地の固定資産税評価額に一定の倍率を乗じて計算する方式）により評価する。建物は，固定資産税評価額で評価する。

賃貸不動産については，権利関係に応じて評価額が調整（減額）される。

9　海外の不動産

日本の路線価等は海外では設定されていないことから，海外不動産については，現地の売買実例価額，地価公示制度に基づく価格，公正な第三者による不動産鑑定評価額等を参酌して評価するのが一般的である。

第5章　財産の分散管理の所得税・相続税等のポイント　　187

81 相続税等：特定の財産に認められる 恩典のポイント

■ ポイント

1 生命保険の非課税限度額
2 小規模宅地等の特例（貸付事業用宅地等）
3 延納の担保提供財産
4 物納申請財産

■ 解 説

1 生命保険の非課税限度額

　被相続人の死亡によって取得した生命保険金等のうち，被相続人が負担した保険料の死亡時までに払い込まれた保険料全額に対する割合に相当する部分は，相続税の課税対象となる。しかし，死亡保険金の受取人が相続人（相続を放棄した者，相続権を失った者以外）である場合，すべての相続人が受け取った保険金の合計額が次の算式によって計算した非課税限度額を超えるときは，その超える部分のみが課税対象になる。つまり，一定の死亡保険金には，預貯金や上場株式等とは異なり，特有の非課税枠が設けられている。

　500万円×法定相続人の数＝非課税限度額

　なお，相続人以外の者が取得した死亡保険金には非課税の適用はない。

2 小規模宅地等の特例（貸付事業用宅地等）

　相続開始の直前において被相続人の不動産貸付事業の用に供されていた宅地等（貸付事業用宅地等）で，次の要件のすべてに該当する親族が相続したものについては，一定の選択をした200 m²までの部分が，相続税の課税価格に算入すべき価額の計算上，50％減額できる（小規模宅地等の特例）。つまり，貸付事業用宅地等については，上記80のとおり評価の減額がされる上に，本特例による50％の減額特例が設けられている点においては，預貯金や上場株式等よりも有利といえる。

(1) 事業承継要件：その宅地等に係る被相続人の貸付事業を相続税の申告期限までに引継ぎ，かつ，申告期限までその貸付事業を行っていること
(2) 保有継続要件：その宅地等を相続税の申告期限まで有していること
※平成30年4月1日以後に相続等する財産については，貸付事業用宅地等の範囲から，相続開始前3年以内に貸付事業の用に供された宅地等（相続開始前3年を超えて事業的規模で貸付事業を行っている者がその貸付事業の用に供しているもの以外）が除外される。ただし，同日前から貸付事業の用に供されている宅地等については，この限りでない。

3 延納の担保提供財産

相続税額又は贈与税額が10万円を超え，金銭納付を困難とする事由がある場合は，納税者の申請により，納付困難な金額を限度として，担保を提供することにより，年賦で納付（延納）することができる。

しかし，担保提供できる財産は，次のものに限られている（納税者の固有財産等を担保として提供することも可能）。

(1) 国債，地方債
(2) 社債その他の有価証券で税務署長が確実と認めるもの
(3) 土地
(4) 建物，立木，登記される船舶等で，保険に附したもの
(5) 鉄道財団，工場財団等
(6) 税務署長が確実と認める保証人の保証

4 物納申請財産

相続税については，延納によっても金銭納付を困難とする事由がある場合は，納税者の申請により，納付困難な金額を限度として，相続財産による物納が認められている（贈与税の物納はできないことに留意）。

しかし，物納申請財産については，相続財産のうち，次の財産・順位で，①日本国内に所在すること，②管理・処分をするのに不適格な財産でないこと，などの一定の制限が課されている。

第1順位　不動産，船舶，国債，地方債，上場株式等
第2順位　非上場株式等
第3順位　動産

82 所得税・相続税等：生命保険，個人年金保険の ポイント

■ ポイント

1 死亡保険金
2 満期保険金等
3 被保険者の存命中に受ける個人年金保険
4 遺族が受ける個人年金保険

■ 解 説

1 死亡保険金

被保険者が死亡し，保険金受取人が死亡保険金を一時金で受けた場合，被保険者，保険契約者（保険料負担者）及び保険金受取人が誰であるかによって，保険金受取人に対する課税関係が図表14のとおり異なる。

図表14 死亡保険金の課税関係

被保険者	保険契約者（保険料負担者）	保険金受取人	課税関係
A	B	B	一時所得（総合課税）※
A	A	B	相続税
A	B	C	贈与税

※一時所得の金額は次の算式で計算し，1/2相当額が総合課税される。
　受取保険金－既払込保険料又は掛金－特別控除額（最高50万円）

2 満期保険金等

生命保険契約の満期・解約により保険金を一時金で受けた場合，保険契約者（保険料負担者）と保険金受取人が同一であるかによって，保険金受取人に対する課税関係が図表15のとおり異なる。

図表15　満期保険金等の課税関係

保険契約者（保険料負担者）	保険金受取人	課税関係
A	A	一時所得（総合課税）※
A	B	贈与税

※一時払養老保険等で保険期間5年以下のものや，保険期間5年超で5年以内に解約されたものは，税率20.315%の源泉分離課税となる。

3　被保険者の存命中に受ける個人年金保険

　個人年金保険の被保険者が存命中の場合は，年金受取人が保険契約者（保険料負担者）と同一であるかどうかによって，年金受取人に対する課税関係が図表16のとおり異なる。

図表16　被保険者の存命中に受ける個人年金保険の課税関係

保険契約者（保険料負担者）	年金受取人	課税関係
A	A	雑所得（総合課税）※1
A	B	贈与税等※2

※1　雑所得の金額は次の算式で計算し，総合課税される。
　　　その年中に受けた年金の額 − 対応する払込保険料又は掛金の額
　　年金が支払われる際は，次により計算した所得税等が源泉徴収されるが，下記Aの金額が25万円未満の場合は徴収されない。
　　A（＝年金の額 − それに対応する保険料又は掛金の額）×10.21%
※2　保険契約者（保険料負担者）から年金受取人に対して年金受給権が贈与されたものとみなされ，給付事由発生時点で贈与税が課税される。毎年支払われる年金には所得税（雑所得）が課税される。

4　遺族が受ける個人年金保険

　個人年金保険の被保険者（かつ年金受取人）が死亡し，遺族が年金受給権を取得した場合，被保険者，保険契約者（保険料負担者），受給権取得者が誰であるかによって，受給権取得者に対する課税関係が図表17のとおり異なる。

図表17　遺族が受ける個人年金保険の課税関係

被保険者（かつ年金受取人）	保険契約者（保険料負担者）	受給権取得者	課税関係
A	A	B	相続税等※
A	B	C	贈与税等※

※取得した年金受給権については，相続等・贈与により取得したものとみなされて，相続税・贈与税が課税される。毎年支払われる年金には所得税（雑所得）が課税される。

83 所得税・相続税等：社団法人・財団法人の ポイント

■ ポイント

1 公益法人制度改革（平成20年12月施行）
2 公益社団法人・公益財団法人等に財産を寄附したときの譲渡所得の特例
3 公益社団法人・公益財団法人等に財産を寄附したときの相続税の特例
4 一般社団法人・一般財団法人への財産移転に係る相続税・贈与税

■ 解 説

1 公益法人制度改革（平成20年12月施行）

　民間非営利部門の活動の健全な発展の促進等の目的で，公益法人の制度改革により，一般社団法人・一般財団法人を登記のみで設立できる制度が創設されるとともに，公益事業を主目的とする法人については，民間有識者による委員会の意見に基づき公益法人（公益社団法人・公益財団法人）に認定する制度が創設され，平成20年12月1日から施行されている。

2 公益社団法人・公益財団法人等に財産を寄付したときの譲渡所得の特例

　個人が法人に財産を寄付したときは，原則として，その財産を時価で譲渡したものとみなして譲渡所得が課税されるが，公益社団法人・公益財団法人等に対して財産を寄付した場合で，一定の要件に該当することについて国税庁長官の承認を受けたときは，譲渡所得が課税されない。

3 公益社団法人・公益財団法人等に財産を寄付したときの相続税の特例

　相続等によって取得した財産を公益社団法人・公益財団法人等に寄付した場合には，①相続税申告書の提出期限までの寄付，②その公益社団法人等が教育や科学の振興等に貢献することが著しいと認められる特定の公益を目的とする事業を行う法人であること等を要件に，その寄付した財産を相続税の課税対象としない特例がある。ただし，寄付した者又はその親族等の相続税・贈与税の

負担が結果的に不当に減少することとなる場合等には，通常どおり，相続税の課税対象とされる。

4 一般社団法人・一般財団法人への財産移転に係る相続税・贈与税

公益社団法人・公益財団法人等に該当しない一般社団法人・一般財団法人であっても，これらの法人には，株式会社等と異なり，法人所有の持分が存在しないため，例えば，実質的に支配する一般社団法人に財産を移転した後，役員交代による支配権の移転を通じて子や孫にその財産を承継させる等の相続税回避策が以前から問題視されており，相続税法では，その防止策として，次のような制度が措置されている。

(1) 一般社団法人等で，その施設の利用，残余財産の帰属等について設立者，理事等，その法人に対して贈与・遺贈をした者又はその親族等に対して特別の利益を与えるものに対して財産の贈与・遺贈があった場合には，下記(2)の適用がある場合を除いて，その時に，その特別の利益を受ける者が，その利益の価額相当額を，財産の贈与・遺贈をした者から贈与・遺贈されたものとみなして，贈与税・相続税が課税される。

(2) 一般社団法人等に対し財産の贈与・遺贈があった場合において，その贈与・遺贈により贈与・遺贈をした者の親族等の相続税・贈与税の負担が不当に減少する結果となると認められるときには，その法人を個人とみなして，その法人に贈与税・相続税が課税される。

(3) 同族関係者が理事の過半を占めている一般社団法人等において，その同族理事の1人が死亡した場合には，その法人の財産のうち一定の金額について，その法人が被相続人から遺贈により取得したものとみなして，かつ，その法人を個人とみなして相続税が課税される。

※平成30年4月1日以後の相続に対して適用。同日前の設立法人については，平成33年4月1日以後の相続について適用。

84 所得税・相続税等：信託（平成19年9月以後に効力発生）のポイント

■ ポイント

1 信託の効力発生時　2 信託期間中　3 信託の終了時

■ 解　説

1 信託の効力発生時

自益信託（委託者＝受益者）においては特段の課税関係は生じないが，他益信託（委託者≠受益者）においては経済価値の移動（委託者→受益者等（＝①受益者としての権利を現に有する者及び②信託の変更をする一定の権限を現に有し，かつ，信託財産の給付を受けることとされている者））があるので，委託者・受益者等に課税関係が生じ得る。

具体的な課税関係は，委託者・受益者等が法人・個人のいずれなのか，対価の授受があるのか等によって異なる。例えば，委託者・受益者等が別々の個人で，適正対価の授受が全くない場合には，その信託の効力発生時において受益者等となる者は，信託受益権（原則として，課税時期における信託財産の価額によって評価する。以下同じ。）を委託者から贈与又は遺贈により取得したものとみなされ，贈与税又は相続税が課税される。

なお，受益者等が存しない信託等の「法人課税信託」については，受託者も納税義務者となり，受託者が個人の場合は法人とみなされる。受益者等が存しない信託を設定し，かつ，対価の授受が全くない場合，受託者は，その信託財産に相当する金額について法人税課税（受贈益課税）等される。また，委託者は，信託財産の価額に相当する金額による譲渡があったものとみなされ，譲渡所得課税されることとなる。

2 信託期間中

信託の受益者等は，原則として，信託財産に属する資産・負債を有するものとみなし，かつ，信託財産に帰せられる収益・費用は受益者等の収益・費用と

みなされる。つまり，受益者が所得税，法人税又は消費税等をパス・スルー課税されることとなる。（信託に係る一定の損失については，信託損失に係る特別措置により，税務上なかったものとされる。）

ただし，上記パス・スルー課税の例外として，法人課税信託においては，受託者が法人税又は消費税等の納税義務者となる。この場合，例えば，受益者等が存しない信託について，受益者等が存することとなったときには，その受益者等の受益権取得による受贈益については，所得税又は法人税は課税されないこととされている。また，一定の投資信託等については，受益者等が現実に収益の分配を受けた時に課税関係が生じる仕組みとなっている。

なお，信託期間中に受益者等の変更があった場合には，上記1と同様，経済価値の移動（旧受益者等→新受益者等）があるので，旧受益者等・新受益者等に課税関係が生じ得る。例えば，旧受益者等・新受益者等が別々の個人で，適正対価の授受が全くない場合には，その変更時において新受益者等となる者は，信託受益権を旧受益者等から贈与又は遺贈により取得したものとみなされ，贈与税又は相続税が課税される。

3　信託の終了時

残余財産受益者等がすでに受益者等の地位を有している場合は，経済価値の移動がないので課税関係は生じない。

しかし，残余財産受益者等が信託終了の直前において受益者等の地位を有していない場合は，上記1と同様，経済価値の移動（旧受益者等→残余財産受益者等）があるので，旧受益者等・残余財産受益者等に課税関係が生じ得る。例えば，旧受益者等・残余財産受益者等が別々の個人で，適正対価の授受が全くない場合には，その終了時において残余財産受益者等である者は，信託受益権を旧受益者等から贈与又は遺贈により取得したものとみなされ，贈与税又は相続税が課税される。

なお，法人課税信託において，受益者等のないままに信託が終了した場合には，適正な価額未満の対価で残余財産を取得した者に対して，所得税又は法人税が課税される。

第5章　財産の分散管理の所得税・相続税等のポイント　195

85 税務当局の海外情報収集手段のポイント

■ ポイント

1 国外財産調書
2 国外送金等調書，国外証券移管等調書
3 租税条約等に基づく情報交換制度
4 共通報告基準（CRS）による金融口座情報の自動的交換制度

■ 解 説

1 国外財産調書

居住者（非永住者以外）で，12月31日において，その時価の合計額が5,000万円を超える国外財産を有する者は，その財産の種類，数量，価額等を記載した国外財産調書を翌年3月15日までに提出しなければならない。

2 国外送金等調書，国外証券移管等調書

(1) 国外送金等調書

1回当たり100万円超の国外送受金取引があった場合，国内金融機関等は送受金者，金額，原因等を税務署へ報告しなくてはいけない。

(2) 国外証券移管等調書

「国外証券移管」「国外証券受入れ」があった場合，国内金融機関等は送受者，有価証券種類・銘柄，原因等を税務署へ報告しなくてはいけない。

- イ　国外証券移管：国内金融機関等が顧客の依頼に基づいて行う国内証券口座から国外証券口座への有価証券の移管
- ロ　国外証券受入れ：国内金融機関等が顧客の依頼に基づいて行う国外証券口座から国内証券口座への有価証券の受入れ

3 租税条約等に基づく情報交換制度

近年，各国の税務当局は，租税条約等に基づく外国税務当局との情報交換を

積極的に実施して国際的な脱税・租税回避の把握や防止に取り組んでいる。租税条約等に基づく情報交換には，主に次の3つの類型がある。
(1) 要請に基づく情報交換：個別の納税者に対する調査において，国内で入手できる情報だけでは事実関係を十分に解明できない場合に，条約等締結相手国・地域の税務当局に必要な情報の収集・提供を要請するもの

図表18　要請に基づく情報交換の流れ

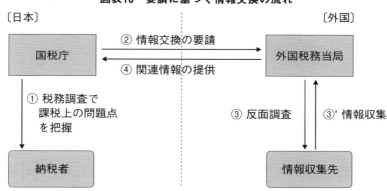

(2) 自発的情報交換：自国の納税者に対する調査等の際に入手した情報で外国税務当局にとって有益と認められる情報を自発的に提供するもの
(3) 自動的情報交換：法定調書から把握した非居住者等への支払等（配当，不動産所得，無形資産の使用料，給与・報酬，キャピタルゲイン等）に関する情報を，受領国の税務当局へ一括して送付するもの

4　共通報告基準（CRS）による金融口座情報の自動的交換制度

OECDが策定した共通報告基準（CRS: Common Reporting Standard）に対応し，日本国内の金融機関は，平成30年以後，毎年4月30日までに前年の非居住者の金融口座情報を税務署長に報告する必要があり，報告された金融口座情報は，租税条約等の情報交換により，外国税務当局に提供されることになった。同様に，日本の税務当局も，外国の税務当局から，日本の居住者がその国の金融機関に保有する金融口座の情報について提供を受けることになった（平成30年11月時点で，日本を含めて100か国・地域が平成30年までに自動的情報交換を開始することを表明済である）。

第6章

海外を利用した分散管理の
国際税務のポイント

86 世界各国の税金事情（法人税・所得税）の ポイント

■ ポイント

1　法人税・所得税の税率は各国バラバラ
2　国税と地方税
3　優遇税制の有無

■ 解　説

1　法人税・所得税の税率は各国バラバラ

　外国に会社を設立するのであればその国の法人税の問題であり，個人で投資をするのであれば所得税が問題となる。

　相続税は，世界の約半分の国で課税が行われていないが，法人税と所得税は，タックスヘイブンという無税の国又は地域を除いて，税負担の軽い軽課税という国から税負担がある程度重い国まで様々である。

　具体的には，アジアでは，香港の法人税率が16.5％で，シンガポールは17％である。また，欧州では，英国の法人税率が2017年4月以降19％であるが，EU離脱問題がこの国への投資のリスクになっている。

　この英国のEU離脱により英国から移転する会社の受け皿となるといわれているのが隣国のアイルランドである。この国の法人税率は12.5％と低く，EU以外の国からの投資の場合，この国は注目されているのである。

　また，最近では，法人の実効税率が40％と高率であった米国が，2017年末に税制改革を行い，これまで35％の連邦法人税率が2018年から21％に引き下げられ，法人税率の実効税率は28％程度になる。

　このように各国の税率がバラバラの原因は，各国の経済財政事情によることから，どのような税率を設定したとしても各国の主権の問題であり，他国が干渉することはできない。

　また，税率の低さ以外に，投資先の国の経済状況等も考慮することになる。例えば，低税率の香港の隣のマカオは，中国の特別行政区という共通点がある

が，法人税率は12％と香港よりも低い。しかし，面積の狭いマカオは，税率の低さだけで外国企業を誘致できないのが現状である。

2　国税と地方税

上記1で述べた税率は，国税であり，国により地方税が課される国とない国がある。例えば，米国は，「2018年から21％に引き下げられ，法人税率の実効税率は28％程度」となっているが，その差は州あるいは市町村の法人課税である。米国の場合は，州により法人課税のないところがある。

有名なのが，米国西海岸にあるワシントン州で，法人課税がないことから，多くの企業がこの州を本拠としている。

また，米国では，デラウェア州法人が有名であるが，これは，同州の会社法の規制が他の州に比べて緩いことから，多くの会社がこの州で設立されており，税率だけが企業誘致の決め手ではない。

前出の英国，香港，シンガポール等は，地方法人課税がない。したがって，税制を調べる場合は，国税と地方税，法人税，所得税以外に間接税等の状況等も対象とすべきである。また，スイスのように，各州（カントンという）の税負担が重く，国税の負担が軽いという国もある。

3　優遇税制の有無

投資の判断をするときに，税率等だけで判断するのは早計である。だいぶ以前の話であるが，経済特区を設けて外国資本を優遇していた中国のような例がある。

投資を受ける国としては，例えば，インフラを整備したいという政策があるとき，インフラ整備に投資をする外国資本には税制上の優遇措置を講じる場合がある。最近では，特許等の先端技術に関連する税制で優遇措置（パテントボックス）を講じている例がある。

したがって，投資先の国の法人税・所得税だけではなく，間接税，関税等を含めて全体を調べること，地方税も調査すること，そして，優遇税制の有無も重要な要素である。

第6章　海外を利用した分散管理の国際税務のポイント　　201

87 世界各国の税金事情（相続税・消費税）の
ポイント

■ ポイント

1　世界の半数以上の国に相続税がない
2　相続税を廃止して富裕層が増加した国
3　消費税に頼る国と頼らない国

■ 解　説

1　世界の半数以上の国に相続税がない

　相続税の課税方式は，遺産課税方式と取得者課税方式に分けることができるが，日本のように，取得者課税方式の変型である法定相続分課税方式の国，遺産課税方式の変型の方式を採用している韓国等があり，遺産課税方式と取得者課税を基本形としながら，各国の相続税はまちまちといえる。

　相続税制のある国は，ベルギー，チリ，コロンビア，クロアチア，チェコ，デンマーク，フィンランド，フランス，ドイツ，ギリシャ，ハンガリー，アイスランド，アイルランド，イタリア，日本，韓国，リヒテンシュタイン，リトアニア，ルクセンブルク，マケドニア，オランダ，オランダ領アンチル，北マリアナ諸島，ノルウェー，フィリピン，ポーランド，プエルトリコ，セルビア，スロヴェニア，南アフリカ，スペイン，台湾，タイ，チュニジア，トルコ，英国，米領ヴァージン諸島，ベネズエラ等である。

　また，相続時の課税はあるが，若干変則的な課税方式のものには次のようなものがある。

① バミューダは遺産課税方式であるが，納付は印紙で行う。
② ブラジル及びスイスの相続税制は州税である。
③ 米国は，連邦税としての遺産税と州税（すべての州ではない）としての相続税がある。
④ 相続税制としてではなく，相続した財産の所有権の移転時に移転に係る課税を行う国としては，カナダ，ジャマイカ，マルタ，セイシェル（相続

税制はないが，相続財産の移転に印紙税課税），ウクライナ，ウルグアイがある。

　相続税制のない国は，タックスヘイブンである国等以外でも，比較的経済規模の大きな国であっても相続税制のない国もある。

　日本と経済的・人的交流という関係からして，オーストラリア，中国，インドネシア，マレーシア，ニュージーランド等に相続税制がないことは注目されるところである。

2　相続税を廃止して富裕層が増加した国

　外国から富裕層の移住を促すという観点から相続税を廃止する国が増えている。実際に，相続税を廃止したことで富裕層の移住が増加している。

　近年，相続税を配した国等は，マカオ（2001年8月1日以降廃止），シリア（2004年に廃止），スロヴァキア（2004年に廃止），スウェーデン（2005年1月1日以降廃止），ポルトガル（2004年1月1日以降廃止），香港（2006年2月11日以降廃止），シンガポール（2008年2月15日以降廃止），オーストリア（2008年8月1日以降廃止）等である。

　台湾は，相続税（遺産税方式）があるが，香港，中国，シンガポールと相続税のない国等が周囲にあることから，相続税の税率を一律10％としている。

3　消費税に頼る国と頼らない国

　EU諸国は，税率が異なるが，付加価値税（VAT）を導入しており，税収の半分以上が間接税の税収という国が多い。EU諸国の中でも，軽減税率を認めている国（英国等）と認めない国（デンマーク等）がある。

　これに対して，米国の場合は，直接税の比率が税収の約9割ということで，間接税の比率が低い。米国の税収では，個人所得税の税収比率が高いことが特徴である。

第6章　海外を利用した分散管理の国際税務のポイント　　203

88 海外で投資をした場合，
どこで税金を払うのかに関するポイント

■ ポイント

1　居住者と非居住者の判定
2　課税所得の範囲
3　国際的二重課税になった場合

■ 解　説

1　居住者と非居住者の判定

　日本に住所又は1年以上居所を有する個人と，日本に本店又は主たる事務所を有する法人（内国法人）を国際税務では居住者という。個人の場合の住所とは，個人の生活の本拠をいい，居所とは，生活の本拠ではないが，多少の期間継続して現実に居住する場所をいう。

　個人の場合，日本において数年間勤務してその後に本国に帰国するような外国人社員は，非永住者という区分になるが，日本からの投資等を考える場合，説明が複雑になるので，非永住者関連は省略する。

　非居住者とは，居住者以外の個人又は内国法人以外の法人（外国法人）をいう。簡単にいえば，外国に住んでいるスポーツ選手が来日して日本で賞金を得るような場合，日本において課税関係が生じることになる。

　このような判定をする重要性は，次の項で述べる課税所得の範囲に相違が生じるからである。

2　課税所得の範囲

　個人の課税関係を考える場合，最初に，自分の居住形態（居住者あるいは非居住者かの判定）を決めることが肝心なことである。ここで注意すべきは，国籍は居住形態の判定に基本的に関係しないことになる。

　例えば，長年日本に住んでいる外国人は，日本の居住者であり，日本人で，1年以上外国に勤務する社員は，日本非居住者ということになる。

204

居住形態が決定すれば、次に課税所得の範囲が決まることになる。

個人居住者（非永住者を除く。）及び内国法人は、すべての所得が日本において課税対象となる。例えば、個人が外国で所得を得たとしても、日本で課税になるのである。

その際、所得のあった国等で課税を受けているということは、日本の課税に関係ないことになり、次の項で説明する国際的二重課税の問題ということになる。

内国法人の場合も同様で、例えば、その内国法人が外国に支店を有している場合、その外国支店の利益も内国法人の所得として合算することになる。

3　国際的二重課税になった場合

国際的二重課税とは、例を挙げると、内国法人が外国の子会社等に融資をして利子を受け取る場合、その利子は、子会社の所在する国で生じた所得であることから、その国で課税となる。租税条約の適用がある場合、源泉徴収の税率は軽減され、免税にならない限り、子会社所在地国と日本の双方で課税となる。

その理由は、前問で説明したように、この利子を受け取る内国法人が、居住者であることから、国内及び国外のすべての所得について日本で課税所得となるからである。

この国際的二重課税といって、外国と日本の双方で同一の所得に所得税が課税される場合、居住地国となる国（この場合は日本）で、外国税額控除という制度を利用して、外国で支払って所得税を日本の税から控除することになる。

上記の説明は法人に関するものであったが、個人の場合も同様に外国税額控除の適用がある。

第6章　海外を利用した分散管理の国際税務のポイント　　205

89 タックスヘイブン利用法のポイント

■ ポイント

1　タックスヘイブンとは何か
2　有名なタックスヘイブン
3　タックスヘイブンは税務署に分からない貸金庫か？

■ 解　説

1　タックスヘイブンとは何か

　タックスヘイブンは税金のない国又は軽課税の国を指す用語である。例えば，日本が税務情報交換協定を締結しているタックスヘイブンは次の国等である。

　英国の海外領土の地域としては，バミューダ，ケイマン諸島，英領バージン諸島がある。英国の王室属領として英国の税制が適用されない地域としては，マン島，ジャージー，ガーンジーがある。マカオは中国の特別行政区であり，ほかのバハマ，リヒテンシュタイン，サモア独立国，パナマは独立国である。

　上記以外では，香港，シンガポールのように，日本の法人税率の約半分程度である軽課税国もタックスヘイブンと分類することがある。

　なぜ，このような国等が存在するのかという理由であるが，例えば，ケイマン諸島の場合，数万人の人口で，カリブ海に所在する観光立国で，同地域に登録している会社数は人口の数倍である。これらの会社からは登録料等を徴収するために，税外収入で財政基盤が確立しているのである。

2　有名なタックスヘイブン

　前項に掲げたバミューダ，ケイマン諸島，英領バージン諸島は，タックスヘイブン御三家である。英領バージン諸島は中国系の企業等が多く利用しているので有名である。

　欧州では，英国に隣接するマン島，ジャージー，ガーンジーが有名である。英国でありながら王室属領という特殊な権益を持っていることから，英国の税

206

法が適用されないのである。

例えば，日本に例えれば，伊豆七島に独自の税制が適用になっているのと同じ感覚ということになろう。

ここに列挙していないが，多くのタックスヘイブンが世界に存在している。タックスプランニングを業とする人にとっては，これらの国等をどのように利用して合法的に節税を図るのかが焦点となる。

また，税以外では，タックスヘイブンは，各種の法規制が緩いことも，これを利用するメリットである。日本では，詳細に法律を規定して，行政機関に各種の報告をする義務等を課す例があるが，これらを回避するためにタックスヘイブンを利用するケースもある。

3　タックスヘイブンは税務署に分からない貸金庫か？

以前は，タックスヘイブンの銀行情報は，その国等の銀行法の規定により守秘義務が保たれ，外部に情報流出がなかったのである。これは，タックスヘイブンを税務署から財産を隠す貸金庫のように思っていた企業，個人にとっては好都合であった。

しかし，タックスヘイブンの多くは，先進国と税務情報の交換協定を締結していることから，タックスヘイブンにある情報も次第に「ガラス張り」になったのである。

これは，OECD（経済協力開発機構）とG20がコラボして，タックスヘイブンに圧力をかけた成果である。

しかし，「パナマ文書」あるいは「パラダイス文書」というように，タックスヘイブンを利用した文書等がリークされることもあり，まだまだ「タックスヘイブンの闇」は幾分の残っているというのが現状であろう。

第6章　海外を利用した分散管理の国際税務のポイント　　207

90 国際的税務情報の交換に関するポイント

■ ポイント

1 どのように国際的に税務情報が交換されているのか
2 外国の銀行に預金を持てば税務署に分からないか
3 交換された税務情報はどのように利用されているのか

■ 解 説

1 どのように国際的に税務情報が交換されているのか

最初に，税務情報の交換が行われるように背景は何かということになる。例として，為替管理等を厳格にして外国からの投資を制限する等の措置が撤廃されたことで，いわゆる，ヒト・モノ・カネが自由にクロスボーダーに移動できるようになったことから，各国の異なる税制，租税条約の不正利用，タックスヘイブンの利用を組み合わせて租税回避が行われるようになった。

これに対して，課税権を有する各国は，外国まで税務調査を拡大することができないことから，このような課税上の障害を取り除くために，税務情報の交換を促進したのである。

また，国際的租税回避を防止する観点から，OECD が行っている BEPS（税源浸食と利益移転）行動計画もこのような動きを促進している。

税務情報交換の条約等は次のとおりである。

① 二国間租税条約に基づく情報交換
② タックスヘイブンとの情報交換協定
③ 税務執行共助条約に基づく情報交換
④ 金融情報自動交換に基づく情報交換

2 外国の銀行に預金を持てば税務署に分からないか

以前は，外国の銀行に預金をしていれば税務署に分からないという時代もあった。しかし，多くの米国居住者が外国の銀行に預金している実態を把握した

208

米国政府は，このような事態に直面した結果，2010年3月18日にオバマ大統領の署名により成立した法案（H. R. 2847: the Hiring Incentives to Restore Employment Act）の一部である「外国口座税務コンプライアンス法（FATCA: Foreign Account Tax Compliance Act）」を成立させた。この法律は，略称FATCAと呼ばれるもので，外国金融機関に対して米国人等の口座情報を米国財務省に報告することをその内容としている。

　このFATCAの成立をきっかけとして，銀行の秘密保護を厳格にしていたスイス等も，米国からの圧力に屈して，米国に対して銀行情報を提供することになった。このように，金融情報交換に風穴が開いたことで，2014年9月の20か国財務大臣・中央銀行総裁会議（於：豪州・ケアンズ）及び同年11月のG20ブリスベン・サミットにおいて，OECDが策定した金融口座情報の自動的交換に関する共通報告基準が承認され，各国は所要の法制手続の完了（日本は2015年度税制改正において整備済み）を条件として，2017年又は2018年末までに，相互に自動的情報交換を開始することとされた。

3　交換された税務情報はどのように利用されているのか

　日本は，国際間の税務情報交換を強化するのと並行して，各種の調書制度（外国との送金，国外財産の有無，有価証券の有無等）を整備したことで，これまで不透明であった国外の所得あるいは財産等について，日本の税務当局が把握することができるようになった。

　上記2でも述べたように，「国外の所得あるいは財産については税務当局も分からないだろう」という考え方は古いもので，現在は，税務当局にほとんど把握されているという前提に立って，コンプライアンス（税法遵守）を守り，その範囲でできるだけ税制の軽減を図ることがベストな方法である。税金でリスクを冒すのは時代遅れである。

91 外国で所得を得た場合，日本で課税になるポイント

■ ポイント

1 税務署に分からないだろうというのは危険
2 国外所得の報告
3 外国への投資で「節税になります」という言葉を信用するのか

■ 解　説

1 税務署に分からないだろうというのは危険

90で述べたように，国際間の税務情報交換システムは相当に拡充されているのが現状である。その結果，税務行政の弱点である課税管轄権が国別に区切られていることが克服され，国際的な事業活動あるいは投資から生じる所得が操作された場合の課税について，国境の壁を越えた執行ができるようになった。

1つの例として，日本は，OECD の BEPS プロジェクトへの積極的参加をしているが，これに先立って，2007年に日本は，「国際共同タックスシェルター情報センター」へ参加している。

この活動の始まりは，OECD の主導により2004年に，オーストラリア，カナダ，英国と米国の4か国が国際共同タックスシェルター情報センター（Joint International Tax Shelter Information Centre：略称JITSIC）をワシントンに開設したことが始まりで，日本は，2007年5月にこのメンバーに加入し，韓国，中国，フランス，ドイツが次々と参加した。現在では，38か国が参加して，租税回避に対する効率的で実効性のある方法を検討している。

またこれ以外に，国税庁は，各国の主要都市に長期出張者として，職員を派遣している。例えば，日本の税務調査で現地の確認が必要な場合，長期出張者は，現地で税務調査はできないが，所定の住所に納税義務者の主張する企業が存在するのか，という確認はできるのである。

したがって，「税務署に分からないだろう」というのは相当に危険ということになる。

210

2 国外所得の報告

国際間における資産の移動等を把握するために，税務当局は，以下に掲げる各種の調書制度を暫時整備して，移動した資産の把握等に努めている。

国外送金等調書（1998年4月1日より施行，2009年に金額改正）	国境を越えた海外との送金額が100万円超の場合，金融機関から税務署にこの調書が提出される。
国外財産調書（2012年改正，2014年1月1日より施行）	国外に5,000万円を超える国外財産を保有する居住者は，この調書を2014年1月以降，提出することが義務づけられている。
国外証券移管等調書（2014年改正，2015年1月1日より施行）	金融商品取引業者等が顧客の依頼に基づいて行う国内証券口座と国外証券口座間の有価証券の移管について，この調書の提出が2015年4月1日以後から適用されている。
財産債務調書（2015年改正，2016年1月1日より施行）	2016年1月以降，その年分の総所得金額及び山林所得金額の合計額が2,000万円を超え，かつ，その年の12月31日においてその価額の合計額が3億円以上の財産又は1億円以上の国外転出特例対象財産を有する者は，この調書の提出が必要となる。

このような調書の提出義務を怠ると，後日罰則等が課される場合があり，不利である。

3 外国への投資で「節税になります」という言葉を信用するのか

いわゆる富裕層の人々に対して，「節税になります」というキャッチフレーズで投資を誘うことがある。最近の例では，米国デラウェア州LPS事案という日本からの資金を米国不動産に投資をして，その損失を出資者に分けて，出資者が損益通算することで節税をするというプランであったが，平成27年7月17日の最高裁判決で国側勝訴となり，このスキームは失敗したことになる。

第6章 海外を利用した分散管理の国際税務のポイント　211

92 日本から外国に移住する場合の課税上のポイント

■ ポイント

1 移住の意味は生活の根拠の移転なのか
2 日本に今後帰ってこない場合
3 外国に移住後日本にたびたび帰国する場合

■ 解 説

1 移住の意味は生活の根拠の移転なのか

　日本の相続税の課税は，諸外国と比較しても厳しい部類である。そこで，老齢になった富裕層の人のうち，相続税のないシンガポール，マレーシアに移住すれば，日本の相続税の課税を免れると考える者がいる。しかし，税制はこのような者を想定して次のような措置を講じている。

　① 被相続人が国外に移住しても，相続人が国外に移住しても，国内財産は日本で課税になる。

　② 被相続人だけが国外に移転しても，相続人が日本に居住している限り，日本の相続税を回避はできない。

　③ 平成29年度税制改正により，相続人等又は被相続人等が10年以内に国内に住所を有する日本人である場合，国内財産及び国外財産が課税になる。

　日本における相続税を逃れるためには，被相続人と相続人がすべての財産を国外に持ち出し，10年を超えて国外に住む必要がある。

　以上は，相続税・贈与税の場合であるが，所得税の場合は，1年を超えて国外に居住すれば，日本非居住者となり，国内源泉所得だけが課税となり，所定の手続をすれば，個人住民税も課税にならない。

2 日本に今後帰ってこない場合

　平成27年度税制改正において国外転出時課税制度（略称：出国税）が創設された。この税制は，国外転出をする場合の譲渡所得等の特例，いわゆる出国税

が富裕層の税逃れ対策強化の一環として創設されたもので，国外に住所を移す者に対して株式等の含み益に所得税を課税するものである。その背景には，香港，シンガポール，ニュージーランド等のように，株式譲渡益等への課税はない国に居住者が国外転出をして株式等を譲渡する租税回避に対する対抗策である。なお，この種の税は日本が初めてではなく，米国の離国者（expatriate）税，フランスの出国税等の先行例がある。

米国の離国者税であるが，適用対象者は，かつて米国市民権及び永住権を有していた者が，これらの権利を放棄して他国の国籍となり米国国外に居住する場合である。この場合は，米国において無制限納税義務を課されるのである。この制度の特徴は，離国者に対して離国することによる租税回避を牽制する予防的税制ではないかと思われる。例えば，出国税の納税義務のある者が納税をせずに国外に移住し，後日，納税義務があることが判明した場合，米国において納税義務を果たさない限り，再度入国することは難しいのではないかと思われるからである。

3 外国に移住後日本にたびたび帰国する場合

例えば，日本の会社経営者が税負担の軽い香港に移住したとする。しかし，会社経営の必要性から，たびたび日本に来日して事業活動をしていたとする。この経営者は，香港で確定申告をしていることから，日本では，非居住者として，日本の会社からの給与等を非居住者として源泉徴収により課税を受けており，税務上問題はないと信じていた。

しかし，この経営者の活動の中心が日本で，香港在住はある種の租税回避とみなされると，日本居住者ではないかと税務署に調査されるリスクがある。

仮に，日本居住者と判定されると，すべての所得が日本で総合課税されることになる。

また，この例とは異なるが，日本と外国の双方に住まいがあり，それぞれの国を行き来している場合がある。この外国と日本の間に租税条約が締結されている場合は，租税条約に定める「双方居住者の振り分け規定」の適用か，その規定がない場合は，双方の国の権限ある当局による協議により最終的にいずれの国の居住者かを判定することになる。租税条約が締結されていない場合は国内法の適用ということになる。

第6章　海外を利用した分散管理の国際税務のポイント　213

93 租税条約の利用法のポイント

■ ポイント

1 租税条約の有無の確認方法
2 租税条約による税負担の軽減
3 租税条約が締結されていない場合

■ 解 説

1 租税条約の有無の確認方法

　日本が現在締結している租税条約の一覧表は以下のとおりで，カッコ内は租税条約の件数である（2018年12月1日現在）。

包括的所得税条約	アジア諸国（14），大洋州（3），ヨーロッパ（27），旧ソ連（12），米州（5），中東・アフリカ（10）
相続税・贈与税条約	日米相続税・贈与税租税条約（1）
情報交換協定	アジア（1），大洋州（1），ヨーロッパ（4），米州（5）
税務行政執行条約	ヨーロッパ（11），米州（19），アフリカ（8），大洋州（5）
モデル租税条約	OECDモデル条約，国連モデル条約，米国モデル条約ほか
その他	日本・台湾民間租税取決め

　この資料は，財務省のHPにあるが，条約条文は租税条約集という本を買い求めるか，あるいは外務省条約局にある条約本文を参照することになるが，租税条約はいくつか解説書が出ているのでそれらを参考にする方が早く理解できるものと思われる。

2 租税条約による税負担の軽減

　以下に示したのは，平成24年12月10日の改正署名をして，平成25年10月25日に発効した第2次日本・ニュージーランド租税条約の投資所得に対する限度税

率の一覧表である。この条約は，旧条約では，利子所得及び使用料所得の規定がなかったが，新条約は，他の条約例と同様に，以下のように限度税率等を定めている。このような租税条約に定める限度税率が適用されて，国内法よりも税負担が軽減されることになる。

配当所得	親子間配当（持株要件10％以上）	免　税
	一般配当	限度税率15％
利子所得	免税（政府，中央銀行等）	免　税
	その他	限度税率10％
使用料所得		限度税率５％

3　租税条約が締結されていない場合

上記２で述べたように，租税条約が締結されていると，所得の生じた国での源泉徴収税率等が減免されることになる。では，租税条約がない場合はどうなるのかということが次の問題である。

例えば，外国の例であるが，米国とシンガポールは租税条約が締結されていない。その理由は，昔，シンガポールが対米租税条約締結時に，みなし外国税額控除（タックススペアリング・クレジット）を請求して，米国議会に反対されて，それ以降，話が進展していないからである。

また，日本の例では，台湾との関係がある。日本は，日中国交正常化の際に台湾と国交を断絶したという経緯がある。平成27年11月に公益財団法人交流協会（日本側）と亜東関係協会（台湾側）との間で「所得に対する租税に関する二重課税の回避及び脱税の防止のための公益財団法人交流協会と亜東関係協会との間の取決め」に署名し，同年12月に同取決めの規定が公開された。平成28年度税制改正において国内法の整備が行われ，実質的に租税条約があるような状態になった。

第6章　海外を利用した分散管理の国際税務のポイント　　215

94 米国遺産税の利用法

■ ポイント

1 相続税と遺産税の違い
2 米国は一度遺産税を廃止している。
3 トランプ減税と遺産税

■ 解　説

1 相続税と遺産税の違い

　相続税は，分類すると，相続税制のある国とない国に分かれ，相続税のある国では，課税方式について，①遺産課税方式（米国，英国等），②遺産取得課税方式（オランダ，スイス等），③法定相続分課税方式（日本）に区分することができる。また，相続税はないが，相続に起因して資産の所有権が移転する場合，その譲渡益に課税する国（カナダ等）がある。さらに，米国のように，連邦遺産税と州の相続税というように，国税と地方税の双方が課される国もある。また，スイスのように，国税（連邦税）としての相続税はなく，州税として相続税及び贈与税が課される国もある。

　遺産税は，被相続人の遺産に課税をする方式で，米国の場合，死亡時に移転するすべての財産（被相続人の遺産）を対象にした税であり，日本の相続税と課税方式が異なっている。日本は相続人が納税義務者となる方式で，米英の方式とは異なることから，日本にいた被相続人が，米国に土地等の遺産を残した場合，米国の遺産と，日本の相続人に国際的二重課税となる。

2 米国は一度遺産税を廃止している。

　ブッシュ大統領は，2001年法による2010年に遺産税の1年限りの課税停止としたが，2010年当時の大統領は，2009年1月に就任したオバマ大統領であった。また，2011年以降，何らかの法の手当てがない場合，2011年には，2001年法適用前の遺産税法に戻ることになっていた。したがって，2010年の段階では，次

216

の2つの選択肢があったのである。

①　2010年1年限りで課税停止として，翌年から2001年法前の税法（税率18
　　～55％）の適用に戻る。

②　2001年法の改正法を制定する。

　オバマ大統領は，上記の②を選択して，2010年12月17日に2001年法を改正する法案（以下「2010年法」という。）に署名した。2010年法は，2010年1月1日まで遡及適用となり，2010年から2012年の間の控除額が500万ドル，最高税率35％としたのである。結果として，遺産税の課税を免れるはずであった者にとって，年末に課税となる法律が成立したことで著しい不利となったのである。このような事態を解消するために，2010年法により課税を受ける方法と，2001年法の簿価引継ぎ方式が改正されて，修正簿価引継ぎ方式が認められ，所定の適格配偶者財産について，引継ぎ簿価を300万ドル増加することが認められたのである。

3　トランプ減税と遺産税

　トランプ大統領による税制改革法の名称は，Tax Cuts an Jobs Act で，米国下院では，2017年11月16日に下院税制法案が通過した。次に，米国上院では，2017年12月2日に上院税制法案が通過した。その後の，両院で協議された最終案が上下院で可決され，2017年12月22日の大統領署名により成立したのである。

　遺産税に関しては，当初は廃止という見通しであったが，法律では，廃止は見送りになる代わりに，控除額が倍増されて1,000万ドルに決定したのである。では，なぜ，当初廃止と見込まれていたものが，最終的には控除額の倍増で決着したのかという理由であるが，報道によれば，富裕層への優遇措置批判をかわすためという論評もある。

　結果として，相続税の控除額を引き下げた日本と，逆に，控除額を倍増した米国とは対照的な動きとなった。

95 日本の調書制度等による包囲網のポイント

■ ポイント

1 日本の調書制度の概要
2 調書制度の利用法
3 日本の富裕層対策（仮想通貨等）

■ 解 説

1 日本の調書制度の概要

調書制度の概要は 91 の一覧表にあるので，調書制度の沿革ということで，情報制度等が強化された過程を説明する。

① 2013年税制改正による相続税の基礎控除等の引下げ等による課税強化が行われた。

② 国外送金等調書は1998年4月から施行されており，国境を越えた海外との送金額が100万円超の場合，金融機関から税務署にこの調書を提出されることになっている。2016年事務年度における同調書の枚数は約634万枚である。

③ 国外財産調書は，2012年改正で導入され，2014年1月1日より施行されたもので，国外に5,000万円を超える国外財産を保有する居住者は，この調書を提出することが義務づけられている。2016年分のこの調書の提出件数は約9,102件で財産総額は3兆3,015億円である。

④ 国外証券移管等調書は，2014年改正で導入され，2015年1月1日より施行されたもので，融商品取引業者等が顧客の依頼に基づいて行う国内証券口座と国外証券口座間の有価証券の移管について適用される。

⑤ 財産債務調書は，2015年改正で創設され，その年分の総所得金額及び山林所得金額の合計額が2,000万円を超え，かつ，その年の12月31日においてその価額の合計額が3億円以上の財産又は1億円以上の国外転出特例対象財産を有する者は，この調書の提出が必要となった。2016年の提出件数

218

は，73,360件で，財産総額は 7 兆 3，360億円である。

⑥　国外転出時課税制度は，2015年改正で創設され，国外に住所を移す者に対して株式等の含み益に課税するものである。2016年の申告件数は1.014件で所得総額は99億円である。

⑦　租税条約に基づく情報交換は，「要請に基づく情報交換」，「自発的情報交換」，「自動的情報交換」という 3 つの形態があるが，2017事務年度における「要請に基づく情報交換」は日本発が473件，外国発が415件，「自発的情報交換」は，日本発が272件，外国発が549件，「自動的情報交換」は日本発が531,000件，外国発が205,000件である。

⑧　OECD が推進している「金融口座情報の自動的交換」で，日本は法改正を終えて，2018年 9 月以降外国の税務当局に情報提供を開始した。

2　調書制度の利用法

2014年 3 月17日までに提出された提出件数は全国で5,539件，国外財産の価額の総合計額は約 2 兆5,000億円である。この財産の種類別の上位 3 種類は，有価証券が全体の62.1％，預貯金が15％，建物が7.4％，である（国税庁　平成26年 7 月「国外財産調書の提出状況について」）。

2017年12月版として公表した文書では，国税庁における調査事例から14の事例が分かりやすく説明されている。

その事例 3 が国外財産調書の活用事例であり，その内容は以下のとおりである。すなわち，日本居住者の提出した国外財産調書には，同居住者がX国に不動産と銀行口座を所有している記載がありながら国外不動産からの不動産所得と国外預金からの利子所得がなかったため調査が開始され，不動産所得と利子所得の申告漏れが把握されたというものである。

3　日本の富裕層対策（仮想通貨等）

2018年になり，国税当局は，「ビットコイン」など仮想通貨の急激な値上がりを受け，数千万から数億円の利益を得た投資家らをリストアップして，取引記録や資産状況をデータベースにまとめて税逃れを防ぐ考えという報道がある。国税庁の「財産債務調書」の記載例には，ストックオプションはあっても仮想通貨に関する記述はない。

第 6 章　海外を利用した分散管理の国際税務のポイント　219

96 過去にあった租税回避事例と 一般否認規定のポイント

■ ポイント

1 外国で株式を譲渡して課税を免れた事例
2 香港居住者となり贈与税課税を免れた事例
3 一般否認規定導入の可能性

■ 解 説

1 外国で株式を譲渡して課税を免れた事例

　個人の居住者あるいは非居住者の判定が争われた訴訟で，国側敗訴となったユニマット事案（東京高裁　平成20年2月28日判決　平成19年（行コ）第342号：所得税決定処分取消等請求控訴事件（控訴棄却：確定）がある。この事案では，日本居住者であった者が，シンガポールに移住し，香港において内国法人株式を譲渡した結果，日本非居住者で，香港源泉の譲渡所得について国外源泉所得として日本における課税はなく，また，香港も，キャピタルゲイン課税がなく，シンガポールも国外からの送金がないと課税にならないことから，いずれの国でも課税がなかったのである。この事案は，この者がシンガポールから日本に帰国して再度，日本居住者になったことから，租税回避という判断をした課税当局が課税処分を行い，訴訟になったものである。

2 香港居住者となり贈与税課税を免れた事例

　金融業を営む夫妻が，保有する自社株を出資してオランダ法人を設立した。このオランダ法人株式を香港に住所を移していた子に贈与した。

　その結果，子は，相続税法上，制限納税義務者となり，オランダ法人の株式は国外財産ということで，当時の相続税法では日本において課税にならないという租税回避のスキームを実施した。

　これらに対して，税務署は，贈与を受けた子に対して贈与税の決定処分と無申告加算税の賦課決定を行い，訴訟となり，最高裁では，納税義務者側が勝訴

となった。

　この事案は，最高裁裁判長も認めているように，合法的に租税を回避した事例であるが，課税処分に法的根拠がないことから，国側の処分が退けられる結果となった。

　このように，税の世界では，課税を回避できる税法の抜け道を探してこれを利用するケースがある。このような事態が続くと，税務当局もこれに対する対抗措置として，このような取引を否認して課税する根拠となる規定を設けることになる。

　基本的には，個別的に否認の要件を定めた個別否認規定が望ましいが，実務の変遷が目まぐるしいことから，広く規定を適用できる一般否認規定が導入されることになる。

　日本は，個別否認規定とやや一般否認規定に近い同族会社の行為計算否認規定はあるが，一般否認規定はいまだに導入されていないが，租税回避事案が多発する事態になれば，やがて導入ということになる。

3　一般否認規定導入の可能性

　一般否認規定の特徴は以下のとおりである。

①　国内法として規定され，課税当局にとって租税回避の対抗立法であると共に，租税回避を抑制する効果を持つ。

②　その目的が租税上の便益を得ることのみである取引に対して租税上の便益を否認する権限を課税当局に与える規定である。

③　その適用対象が広く，所得税，法人税，相続税等に止まらず，その他の税目にも適用される一般原則である。

　一般否認規定の日本への導入可能性であるが，次問の義務的開示制度が創設されると，現行の税法の規定では否認できない取引等の開示が行われた場合に備えて，広く税務当局が権限を行使できる一般否認規定導入が予測されている。

　これにより税務当局の権限が今以上に強化されることから，納税義務者側にとって，これは潜在的なリスクといえる。

97 今後ある日本の税金関連リスク：
義務的開示制度のポイント

■ ポイント

1 義務的開示制度とは何か
2 MDR 導入の先進国はどこか
3 MDR 導入の効果

■ 解 説

1 義務的開示制度とは何か

義務的開示制度（Mandatory Disclosure Rules：以下「MDR」という。）は，納税義務者側から所定の情報を税務当局に開示する制度のことである。

情報開示を受けた税務当局は，そのスキームの是否認を開示者に通知することはしない。

政府税制調査会説明資料［国際課税］［平29.11.1 総14-1］では，MDR について次のように説明している。

BEPS プロジェクトでは，「企業の活動に関する透明性向上」の観点から，（会計士や税理士等の）プロモーター及び利用者が租税回避スキームを税務当局に報告する制度を勧告している。この制度の目的には，リスク評価のために潜在的に行き過ぎた又は濫用的な租税回避スキームの早期の情報取得，租税回避スキームやその利用者・プロモーターの適時の特定，租税回避スキームの牽制・抑止が挙げられている。

2 MDR 導入の先進国はどこか

各国における MDR の導入状況は次のとおりである。

1984年	米　国	MDR を1984年に導入し，2004年に大幅に改正している。
1989年	カナダ	1989年にタックスシェルター対策として MDR を導入し，2013年には，租税回避取引報告法制（Reporting of Tax Avoidance Transactions）が2013年に立法されている。
2003年	南アフリカ	MDR を2003年に導入し，2008年に改定している。
2004年	英　国	2004年に MDR を導入し，2006年と2011年に抜本的な改正をしている。
2008年	ポルトガル	MDR を導入
2011年	アイルランド	MDR を導入
2013年	OECD	「BEPS 行動計画」（Action Plan on Base Erosion and Profit Shifting）を公表

　上記の表からも明らかなように，租税回避スキームであるタックスシェルターの横行に手を焼いた税務当局が，租税回避対策の一環として，税務当局に対して事前に所定のタックスプランニングを報告することを，その計画を立案した者あるいはその利用者に課すもので，すでに米国をはじめとして数か国では，この制度が実施されている。

3　MDR 導入の効果
MDR に関する事項は，次のようなこととなる。
① 　開示義務者：プロモーターあるいは納税義務者
② 　開示対象の範囲：どのような基準を設定するのが焦点になる。
③ 　開示する情報：スキームの詳細，利用者リスト等
④ 　罰則：罰則を定額にするのか，スキームの金額をベースにするのか等の選択
⑤ 　税務当局の対応：開示された情報を国税庁 HP で公開する等の措置
　MDR 導入は，租税回避を商品化して利用者に広く販売するプロモーターに対する牽制効果がある。また，それまでは，納税義務者の確定申告等を通じてスキームの情報を得ていた税務当局にとって，事前に検討することが可能となる。

98 今後ある日本の税金関連リスク： 富裕税導入のポイント

■ ポイント

1　富裕税が日本で導入されたことがある
2　EU 諸国で富裕税廃止が多い理由
3　富裕税導入の可能性

■ 解　説

1　富裕税が日本で導入されたことがある

シャウプ勧告に基づいて1950年から３年間富裕税が実施されたことがある。

1950年制定の富裕税は，課税の対象は財産であるが，税源としてはその財産から生じる所得が予定されていた。富裕税は各人の所有する財産の額から負債の総額を差し引いた純財産総額を課税標準とする人税としての一般財産税であるが，財産に課税する点では共通している固定資産税は，財産の価格そのものを課税標準にした物税である個別財産税である。過去に実施された経緯からすると，富裕税は毎年の課税である。

日本では，３年でこの税は廃止されているが，その理由は，財産の評価・捕捉が難しいという行政上の負担が重かった割に，低税率の課税であったことから，税収が少額であったことが原因といわれている。

2　EU 諸国で富裕税廃止が多い理由

2018年現在の富裕税の導入状況については，OECD 作成の富裕税に関する1988年報告書に当時同税を導入していた国が，その後どのような状況に至ったのかを以下にまとめてみた。

国　　　名	富裕税の適用時の状況	1988年以降の動向
オーストリア	個人・法人対象で単一税率	2000年に廃止
デンマーク	個人対象で単一税率	1995年に廃止
フィンランド	個人対象	2006年に廃止
フランス	個人対象で1987年1月に廃止	1989年に再導入
（西）ドイツ	個人・法人対象で単一税率	1997年に廃止
アイスランド	個人対象で単一税率	1997年に廃止
ルクセンブルク	個人・法人対象で単一税率	2016年に再導入
オランダ	個人対象で単一税率	2001年に廃止。現在は，貯蓄と投資から生じる所得に課税
ノルウェー	個人・法人対象，国と地方の双方で課税	継続中
スペイン	個人対象	2017年州税と課税。
スウェーデン	個人対象	2007年に廃止
スイス	個人・法人対象で州税	州税として課税

　欧州諸国が富裕税を導入しながら，廃止している国が多い理由の1つは，富裕税の課税を実施すると，富裕層が他国に移住してしまうという現象が起こるからである。富裕税ではないが，数年前にフランスが所得税を高率で課すと発表した時に，パリ在住の企業経営者が，スイスあるいはベルギー等に移住したため，パリの高級マンションに売りが出たことがあった。

3　富裕税導入の可能性

　日本への富裕税の再導入の可能性は高いといえる。富裕税は税率にもよるが，多額の税収を期待できる税目ではない。富裕税導入の理由として，第1は，国民の間における富の偏在化を解消するため，第2は，今後消費税率を引き上げる際に富裕層に対する課税強化を同時に行うことで，消費税率引き上げに対する国民感情を和らげるため，第3は，富裕層を国内に囲い込むための調書制度，情報交換制度，出国税等が整備され，さらに，今後マイナンバー制度等が進展すれば，執行面における隘路が解消されていることになる。

第6章　海外を利用した分散管理の国際税務のポイント　225

99 今後ある日本の税金関連リスク：
財産税導入のポイント

■ ポイント

1　約70年前に導入された財産税の概要
2　なぜ，財産税導入という憶測が流布しているのか
3　財産税導入の条件

■ 解　説

1　約70年前に導入された財産税の概要

　財産税は，第2次世界大戦終了後の1946年に施行された税法で，財産そのものを課税対象に1度だけ課された税である。その背景には，戦争の犠牲者がある半面，戦争により富を得た軍需成金等も多く存在し，空襲等の厄を免れて生命財産が損傷しなかった者もいたことから，これら財的僥倖者に対する特別な課税（1回限りの財産課税）を行うことは国家財政，国民経済上の時局的要求に適合する，というものであった。

2　なぜ，財産税導入という憶測が流布しているのか

　財務省HPにある「公債残高の累増」の資料によれば，2017年度末の公債残高は，約865兆円で一般会計税収の約15年分（2017年度一般会計税収予算額約58兆円）になっている。

　他方，日本銀行が2017年3月17日に発表した資金循環統計（速報）で2016年末の家計の金融資産残高は1800兆円となり，4四半期ぶりに過去最高を更新している。

　また，政府の政策として，財政健全化計画が何度も先送りされ，日本の財政状態は相当危機的な状況であることが，IMF等から指摘を受けている。

　このような財政状況下において，2013年5月31日にマイナンバー関連4法が公布され，2015年10月から個人番号・法人番号が通知されて，2016年1月から利用が開始されている。

そして，2017年9月3日に成立した「個人情報の保護に関する法律及び行政手続における特定の個人を識別するための番号の利用等に関する法律の一部を改正する法律」（平成27年9月9日法律第65号）により，2018年1月から任意とはいえ預貯金口座にマイナンバーが付番されることになった。この改正の理由は，預金保険機構によるペイオフのための預貯金額の合算や金融機関に対する社会保障制度における資力調査や税務調査のためであるが，一部では，このような状況下において，マイナンバーによる付番が整備されると，第2次世界大戦後の1946年に実施された財産税あるいはシャウプ勧告により1950年に導入された富裕税の導入を危惧する声が一部にある。

3 財産税導入の条件

1946年に実施された金融緊急措置令に基づくいわゆる「預金封鎖」が行われた。最近では，2013年3月16日にはキプロスにおいて預金封鎖が行われており，第2次世界大戦後の戦後処理の時代の産物と決めつけることはできない。この緊急措置令に基づいて1946年2月17日より預金が封鎖され，1946年3月3日には一世帯の月額預金引出額が500円以内に制限される等の措置が採られた。これにより新円への切り替えと共に，財産税の課税のための資産の把握が容易となったのである。仮に，財産税を導入するのであれば，デノミネーションと同時に行う等の措置が必要になろう。要するに，財産が流動化している状況では課税ができないことから，財産の静止状態を作る必要がある。

また，1946年当時，日本の政治経済は連合国軍総司令部（GHQ）に管理支配されていたこと，戦後の混乱期であったこと等の条件があったからこそ実施できたわけで，平時の時期に，財産税導入ということで，国民の財産を税の形で徴収するには，非常事態という認識を国民が共有し，政治が強いリーダーシップを発揮しない限り，財産税の導入は難しいといえる。

しかし，将来，日本に大規模な天災が起こる等の緊急事態になり，日本経済が大きなダメージを受けたときにどうなるのか，ということは予測不能であるが，このような日本に財産を置いておいて大丈夫かと，危機感を持つ必要があろう。

第6章　海外を利用した分散管理の国際税務のポイント　227

100 分散管理と国際税務のポイント

■ ポイント

1 税の知識が必要
2 コンプライアンスの維持向上
3 分散管理と国際税務の共通点

■ 解 説

1 税の知識が必要

財産を維持あるいは増やす場合，財産を譲渡する場合，相続により財産を移転する場合，いずれも税の問題が生じることになる。

肝心なことは，次の点である。

① 事前のプランニングが必要である。例えば，取引等が完了した後に，税の問題があることに気が付いて，「どうしよう」ということは，手遅れである。

② 専門家の意見を尊重しよう。専門家である弁護士，税理士等に相談をすれば，それなりに報酬を支払う必要があることから，躊躇するむきもあるが，専門家の見解を得ることなく，不要な税を徴収されることがあれば，徴収された税よりも専門家への相談料の方が安く済む場合が多い。

③ 専門家に依頼するが面倒という方もいるし，その方面に知り合いがいないのでどのように探したらよいか分からないという方もいる。税理士会，弁護士会という組織もあり，また，ネット等に多くの情報がアップされている。そこはこまめに，自分の財産を守るという観点から「自ら動く」ことが必要であろう。

2 コンプライアンスの維持向上

ここまでにすでに述べてきたことであるが，姑息な手段を利用して，税負担を軽減することは，最終的には大きな損を招く結果となる可能性がある。

228

例えば，本章でも説明したことであるが，国外に一定の財産を所有している
にもかかわらず，どうせ税務署に分からないだろうという根拠のない推測から，
国外財産調書の提出を怠ったり，国外で生じた所得を申告から除外したりする
と，国際間の税務情報交換ネットワークにより，いずれ税務当局の知る所とな
り，単なる申告漏れで済めばよいが，脱税ということになると，事態は深刻に
なる。

　とるべき態度は，税法の規定は遵守すること（コンプライアンス）を第1に，
その上で，どのように税負担を軽減できるかを考えるべきである。

3　分散管理と国際税務の共通点

　財産の分散管理を行う場合，国際税務との接点としては，次のようなことが
想定できる。

①　日本から財産を国外に移転する場合の課税関係

②　財産ではなく，個人あるいは法人が国外に移転する場合の課税関係

③　移転先の国等における課税関係

④　所得税あるいは法人税のように，毎年継続的に発生する税と，相続税の
　ように相続ということがない限り発生しない税により，どの国等に財産を
　保有すれば有利か等の検討を行う。

⑤　タックスヘイブンは，税の側面では一見有利なように思われるが，先進
　国の多くは，タックスヘイブン税制という税制により，タックスヘイブン
　に利益留保すると課税にある場合がある。また，日本では，タックスヘイ
　ブン税制を外国子会社合算税制と称しているが，これは法人に対する税で
　あると誤解しているむきもある。この税は個人にも適用になることから，
　会社の経営者がタックスヘイブンに法人を所有すると，この税制の適用と
　なる場合もある。

⑥　一時期値上がりが話題となって「金」について，税務当局はその取引を
　資料化しており，最近では，仮想通貨に注目している。このようなことも
　十分に注意を払って財産運用をすべきである。

第6章　海外を利用した分散管理の国際税務のポイント　　229

【執筆者分担一覧】

　津金眞理子（公益社団法人　日本証券アナリスト協会理事）：第1章
　酒井ひとみ（小島国際法律事務所，弁護士）：第2章
　絹川恭久（弁護士法人キャスト，弁護士）：第3章
　武藤雄木（岩田合同弁護士事務所，弁護士）第4章
　早河英太（早河税理士事務所，税理士）：第5章
　矢内一好（国際課税研究所首席研究員）：第6章

【著者紹介】

津金眞理子（つがね　まりこ）

　公益社団法人日本証券アナリスト協会理事
　日本証券アナリスト協会検定会員
　現在，公益社団法人年金シニアプラン総合研究機構「年金と経済」編集委員，公益社団法人日本証券アナリスト協会セミナー企画委員を兼任。
　お茶の水女子大学理学部卒業，オックスフォード大学大学院修士課程修了
　安田信託銀行（現みずほ信託銀行）及び世界最大級の外資系資産運用会社にて，20年以上にわたり年金資金を中心とした資産運用業務に従事。資産運用に関する講演多数。
　〔主な論文，著書，執筆物〕
　「ザ・ポートフォリオマネジメント」きんざい　安田信託銀行投資研究部編
　「国債市場の期間構造」MPTフォーラム機関誌1，1993年12月
　「金利の3ファクターモデルと経済変動」証券アナリストジャーナル1995年4月号
　「エマージング投資実務的運用の視点から」証券アナリストジャーナル2005年9月号
　視点「サブプライムローン問題に思う　リスクとその責任の所在」証券アナリストジャーナル2007年4月号
　「運用制約と130/30戦略」年金と経済2008年7月号　年金シニアプラン総合研究機構
　読書室「ETF投資戦略」証券アナリストジャーナル　2010年3月号
　「投資対象としての金」　証券アナリストジャーナル2012年3月号
　「資産クラスとしての金　金のファンダメンタルズと金投資」国府台経済研究第24巻1号　2014年3月　千葉商科大学
　「金価格の決定要因」週刊金融財政事情2014年10月27日・11月3日合併号

酒井ひとみ（さかい　ひとみ）

　弁護士（第二東京弁護士会）・ニューヨーク州弁護士。中央大学法学部卒業，Vanderbilt Law School修士課程（LL.M）修了。専門は，相続・エステート・プランニング・事業承継，労働・労務管理のほか企業法務一般。ChambersのHNW（High Net Worth）2018では，Private Wealth Law部門で高い評価（Band1）を受賞。信託法学会，STEP（Society of Trust and Estate Practitioners），FBAA（（社）日本ファミリービジネスアドバイザー協会）に所属。公職としては，2019年1月現在，国土交通省中央建設工事紛争審査会特別委員，東京家裁家事調停委員。主要な著書・論文として，「販売代理店契約の実務」（中央

経済社2018年），「国別でわかる！海外信託による相続の税務＆法務」（第一法規2018年），「国際相続の法務と税務」（税務研究会2014年），「Private Client Law in Japan」（Thomson Reuters 2017年）等多数。その他，国際相続に関する一般・金融機関・税理士法人内セミナー講師経験多数。

絹川恭久（きぬかわ　やすひさ）

〔資格〕
日本国弁護士（2004年登録（修習57期））
ニューヨーク州弁護士（2010年登録）
香港ソリシター（2014年登録）（Li & Partners 律師事務所所属）

〔現所属〕
弁護士法人キャスト（東京弁護士会）及び Li & Partners 律師事務所（香港・出向先）

〔経歴〕
1979年　愛知県出身，神奈川県・東京都育ち。
2003年　東京大学法学部卒業。
2004年　司法修習修了。沖縄県那覇市で日本の弁護士業務開始。
2008〜09年　米国シアトル，ワシントン大ロースクール LLM 修了。
2009〜10年　米国ハワイ州，ホノルル市内法律事務所にて研修。
2010年　米国ニューヨーク州弁護士登録。弁護士法人キャスト入所。
2011年　弁護士法人キャスト大阪（堂島）にて約１年勤務。
2012年　１月から香港に赴任（現在まで）
2014年　香港司法試験合格，香港法弁護士（ソリシター）登録
2014年　香港での所属先を Li & Partners（李偉斌律師行）として香港の弁護士実務開始。

〔略歴〕
1979年愛知県生まれ，神奈川県，東京都出身。弁護士登録後沖縄県内の法律事務所で一般民事弁護士業務を経験した後米国に留学。帰国後現在所属する弁護士法人キャストに参画。2012年から現在まで香港拠点担当として香港に赴任（現在赴任７年目）。2014年以降は香港ソリシターとして香港の法律事務所である Li & Partners に所属（出向）。香港における日系企業の訴訟・買取・合弁関係法務等海外進出企業法務全般及び日本人個人の海外資産管理，国際相続，渉外家事案件等クロスボーダーの業務を主に取り扱う。日本国内各地（東京，大阪，福岡，沖縄等）及び海外（香港，台湾）にて海外進出，海外企業法務，国際相続その他に関する講演多数。香港，台湾，関西，福岡，沖縄，東京等で海外進出関連講演多数。著書：「国際弁護士が教える，海外進出やっていいこと，ダメなこと」（2018年）。

武藤雄木（むとう　ゆうき）

2003年３月　慶應義塾大学経済学部卒業
2003年４月　中央青山監査法人入所（〜2006年３月）
2008年３月　東京大学法科大学院修了
2009年12月　司法研修所修了（62期）・弁護士登録（第一東京弁護士会）
　　　同月　岩田合同法律事務所入所

2015年7月　東京国税局調査第一部勤務（〜2017年7月）

早河英太（はやかわ　えいた）

　税理士。慶應義塾大学商学部卒業。財務省，国税庁，国税局，税務署等で資産税業務等に従事した後，税理士法人勤務を経て税理士事務所を開業。著書（共著）として，「9つの頻出事例で論点を把握する　相続コンサルタントの問題解決マニュアル」（中央経済社），「国別でわかる！海外信託による相続の税務＆法務」（第一法規）。その他，資産税関係の執筆・セミナー多数。

矢内一好（やない　かずよし）

　国際課税研究所首席研究員　博士（会計学）
　中央大学大学院商学研究科修士課程修了
　東京国税局勤務後，産能短期大学助教授，日本大学（商学部）助教授，教授を経て2002年4月　中央大学教授（商学部）
　新潟産業大学経済学部非常勤講師，武蔵大学経済学部非常勤講師，国税庁税務大学校講師，専修大学大学院商学研究科非常勤講師，慶應義塾大学大学院法学研究科非常勤講師を歴任。2018年3月中央大学定年退職

〔単著〕
1　『国際課税と租税条約』ぎょうせい　1992年。
2　『租税条約の論点』中央経済社　1997年。
3　『移転価格税制の理論』中央経済社　1999年。
4　『連結納税制度』中央経済社　2003年。
5　『詳解日米租税条約』中央経済社　2004年。
6　『和英用語対照　税務・会計用語辞典』（十訂版）（編著者　矢内一好）財経詳報社　2002年。
7　『解説・改正租税条約』財経詳報社　2007年。
8　『Q＆A国際税務の基本問題〜最新トピックスの検討』財経詳報社　2008年。
9　『キーワードでわかる国際税務』中央経済社　2009年。
10　『米国税務会計史』中央大学出版部　2011年。
11　『現代米国税務会計史』中央大学出版部　2012年。
12　『改正租税条約のすべて』財経詳報社　2013年。
13　『英国税務会計史』中央大学出版部　2014年。
14　『一般否認規定と租税回避判例の各国比較〜GAARパッケージの視点からの分析』財経詳報社　2015年。
15　『コンパクト解説　日本とアジア・大洋州・米州・旧ソ連諸国との租税条約』財経詳報社，2016年。
16　『コンパクト解説　日本とヨーロッパ・中東・アフリカ諸国との租税条約』財経詳報社，2016年。
17　『Q＆A　国際税務最新情報』財経詳報社，2017年。
18　『解説　BEPS防止措置実施条約』財経詳報社，2018年。

19 『租税条約はこう変わる　BEPS 条約と企業の国際取引』第一法規　2018年
20 『日本・国際税務発展史』中央経済社　2018年。
その他，共著，分担執筆，論文等多数。
〔受賞〕
1　日本税理士連合会研究奨励賞受賞（1989年 7 月）
　　（受賞論文）「米国租税条約の研究」『税務大学校論叢』第19号及び
　　「国際連盟におけるモデル租税条約の発展」『税務大学校論叢』第20号
2　租税資料館賞（1992年 7 月）
　　（受賞対象）「国際課税と租税条約」（単著　ぎょうせい）
3　第26回日本公認会計士協会学術賞（1998年 7 月）
　　（受賞対象）「租税条約の論点」（単著　中央経済社）

アナリスト・弁護士・税理士が伝授する
財産を減らさない分散管理のポイント100

令和元年12月7日　初版発行

著　者　津金眞理子　　酒井ひとみ　　絹川恭久
　　　　武藤雄木　　　早河英太　　　矢内一好
発行者　宮本弘明

発行所　株式会社　財経詳報社

　　　　〒103-0013　東京都中央区日本橋人形町1-7-10
　　　　電　話　03（3661）5266（代）
　　　　ＦＡＸ　03（3661）5268
　　　　http://www.zaik.jp
　　　　振替口座　00170-8-26500

落丁・乱丁はお取り替えいたします。　　　　　印刷・製本　創栄図書印刷
©2019　Kazuyoshi Yanai　　　　　　　　　　　　　　Printed in Japan
ISBN　978-4-88177-467-0